SOUVENIRS

HISTORIQUES.

Deux Exemplaires ont été déposés à la Bibliothèque Impériale, en vertu de la Loi.

SOUVENIRS
HISTORIQUES,
OU
COUP-D'OEIL
SUR
LES MONARCHIES DE L'EUROPE,
ET SUR LES CAUSES
DE LEUR GRANDEUR OU DE LEUR DÉCADENCE.

> La supériorité d'une Nation ne dépend que de ceux qui la conduisent.
>
> VOLTAIRE. — *Essai sur les Mœurs et l'Esprit des Nations*. Chap. 74.

A PARIS,

CHEZ { D. COLAS, Imprimeur-Libraire, rue du Vieux-Colombier, n° 26, faubourg Saint-Germain.
DELAUNAY, Libr., Palais-Royal, galerie de bois.

1810.

SOUVENIRS HISTORIQUES,

OU

COUP-D'OEIL

SUR LES MONARCHIES

DE L'EUROPE,

ET SUR LES CAUSES

DE LEUR GRANDEUR OU DE LEUR DÉCADENCE.

CHAPITRE PREMIER.

DES CAUSES QUI ONT LE PLUS D'INFLUENCE SUR LA DESTINÉE DES ÉTATS.

Le dix-neuvième siècle, à son aurore, est marqué par des événemens dont les tems éloignés de nous n'offrent aucun exemple. Je ne vois dans les annales du monde que deux époques qui peuvent, sous quelques rapports, entrer en parallèle avec celle-ci. La première nous présente Rome conquérante, et la seconde cette France heureuse appelée deux fois aux plus hautes destinées : mais de grandes différences distinguent et séparent ces deux époques de la troisième.

Les peuples soumis par les Romains étaient en grande partie barbares, et les vainqueurs avaient une grande supériorité sur les vaincus : « Rome, » dit *Montesquieu*, s'était agrandie, parce qu'elle » n'avait eu que des guerres successives, chaque » nation, par un bonheur inconcevable, ne l'atta- » quant que quand l'autre avait été ruinée. Rome » fut détruite, parce que toutes les nations l'at- » taquèrent à-la-fois. » Lorsque *Charlemagne* parvint à l'Empire, qu'il renouvela pour la paix de l'Europe, le peuple dont il se servit pour conquérir les autres, avait également sur eux un grand avantage.

Voyons maintenant ce qui caractérise la troisième époque. Elle montre à nos yeux des peuples policés, ayant des lois, des institutions non parfaites, parce qu'il n'en est pas, mais sages et calculées dans leur intérêt, ayant chacun leur période de gloire, les mêmes armes, la même tactique militaire, les mêmes principes, les mêmes systèmes, les mêmes religions, les mêmes arts, enfin la même civilisation à peu de nuances près. Du milieu de ces peuples doués des mêmes avantages, il en paraît un victorieux de tous les autres ligués contre lui. Voilà ce qui ne s'était point encore vu.

Un grand nombre de circonstances favorisèrent les Romains dans la conquête du monde, et *Charles* dans celle de l'occident. Tous en profitèrent avec habileté : les premiers, en suivant un système bien combiné ; le second à l'aide de son génie. Mais la nation victorieuse des autres dans la troisième époque, ne fut point secondée par les circonstances; elle triompha de mille obstacles qui paraissaient insurmontables. N'a-t-on pas droit de conclure que d'autres causes ont amené ce grand événement, et ne doit-on pas présumer qu'il en est une principale sans laquelle toutes les autres n'auraient point eu d'effet? Nous avons cru qu'il était utile d'en faire la recherche et l'examen. Aucune matière plus intéressante ne pouvait être offerte à la méditation de l'esprit humain : c'est l'histoire comparée des nations et des tems.

On a donné le nom de politique à la science d'après laquelle se conduisent les chefs des nations, aux principes qui les dirigent. C'est à tort que, voulant établir un parallèle entre ces principes et ceux que l'on suit et qu'on doit suivre dans l'ordre social, on a prétendu les assujétir aux mêmes règles, les citer au même tribunal, les soumettre aux mêmes jugemens. Ici l'imagination s'élève, l'espace s'agrandit. Il ne s'agit plus de petits intérêts de société aisément froissés, facilement rétablis, mais de l'intérêt général d'immenses familles, dont les rapports entre elles étant de tout autre nature que ceux qui existent entre les individus, ne peuvent leur être assimilés. Des preuves nombreuses donneront plus de développement à cette observation. Il n'y a rien à répliquer à des faits, et ce sont des faits bien avérés qui nous conduiront à des conséquences si naturelles, qu'il nous a paru inutile de les énoncer.

Nous allons passer successivement en revue les

Etats de l'Europe : nous indiquerons leur origine, les causes de leur grandeur ou de leur décadence. Nous rappellerons, sans les décrire, les événemens relatifs à ces causes, et nous ne parlerons que de ceux-là.

Examinons d'abord quelles sont les causes qui peuvent influer sur la destinée d'un Etat; et, pour plus de clarté, divisons-les en *causes intérieures* et en *causes extérieures*. Les unes et les autres donneront lieu à quelques observations générales, qui trouveront leur application dans la revue que nous ferons des principales monarchies de l'Europe.

Des causes intérieures. — Il en est une principale qui peut étouffer toutes les autres ou les développer, et conséquemment produire la gloire ou la ruine d'un Etat; cette cause, la plus puissante de toutes, est dans le souverain. Quelque parfaite qu'on suppose la constitution d'une monarchie, le Souverain aura toujours une telle influence, que de lui dépend exclusivement la force ou la faiblesse de l'Etat. Il serait difficile d'assigner le degré d'élévation où parvient un peuple gouverné par un prince doué d'un vaste génie; qui, véritablement sage, mesure l'étendue de ses projets sur celle de ses moyens, et subordonne les premiers aux seconds; un prince qui, d'un coup-d'œil, embrasse toute la possibilité pour en saisir le moment; un prince qui, connaissant la valeur du tems, l'inconstance des hommes, fait suivre ses conceptions sublimes de l'exécution rapide; qui juge son siècle sans se tromper, calcule sans erreur, et prévoyant toutes les chances réservées à la fortune, prépare d'avance les remèdes aux maux; un prince enfin qui, sachant que l'émulation et le point d'honneur sont deux mobiles puissans, les emploie à propos, et veut que son peuple surpasse tous les autres en force, en bonheur, en gloire, en richesses. Le ciel est avare de tels souverains, et naguère ce portrait eût paru idéal.

Un prince qui n'a ni talent ni génie sera cause de l'affaiblissement de l'Etat, ou ne saura profiter d'aucune circonstance favorable pour en accroître la prospérité. Lorsque *Philippe II* s'empara du Portugal en 1580, il se trouva tout-à-coup maître des principales richesses des deux mondes, sans avoir eu la moindre part à leur découverte; c'était le roi le plus puissant de l'Europe. Remplacez la méfiance, la poltronnerie, l'inquiétude, la cruauté et les petites conceptions de *Philippe*, par le génie, l'héroïsme, la prudence, et l'Europe est asservie.

Une seule faute peut entraîner la destruction d'un Etat; c'est ainsi que *Sébastien*, roi de Portugal, qui fit consister, comme au tems des croisades, la gloire dans la haine des Mahométans, alla périr, en Afrique, à la bataille d'Alcaçar. N'ayant point d'autre héritier qu'un vieux cardinal, il fit perdre à sa nation son indépendance, et *Philippe* y régna despotiquement. Nous pourrions citer d'autres exemples, qui démontrent l'influence funeste d'une seule action; arrêtons-nous au plus récent. Nous avons vu naguère un roi puissant perdre ses Etats, et presque sa couronne, pour être entré dans une coalition après avoir, pendant long-tems, résisté aux sollicitations qui lui avaient été faites. Des troupes renommées depuis un siècle, par leur discipline ; des trésors amassés pendant une paix longue, et d'autant plus avantageuse, que l'Europe était embrasée, n'ont pu le garantir d'une invasion totale et de l'affaiblissement qui en est la suite inévitable.

Position. — La position géographique et le climat sont au nombre des *causes intérieures*. Le pays dans lequel est situé un peuple a souvent sur sa destinée une influence majeure, soit pour son repos et sa prospérité, soit pour sa décadence et sa ruine. Une étendue de terrain fertile, sous un beau ciel, est une source de guerres pour ceux qui le possèdent, parce qu'il est un appât pour les habitans d'un sol infécond. L'âpre climat de la Norwège et du Danemarck n'offre rien qui puisse tenter les habitans d'un pays plus favorisé de la nature, et jamais on ne verra le midi refluer sur le nord.

Les montagnes escarpées, les précipices de la Suisse la mettent moins à l'abri que la stérilité du sol. Nous parlerons de la situation de l'Angleterre.

L'Italie, par la beauté de son climat et par sa fertilité, a toujours eu un attrait puissant pour les autres nations ; mais elle offre un double phénomène assez singulier ; c'est que jadis, et pendant long-tems, elle appartint à un peuple de conquérans qui asservissait toutes les autres nations : tandis que l'Italie moderne, toujours conquise, perdue et reconquise, n'a plus été que le rendez-vous des peuples qui venaient s'y battre.

Les Droits. — Il paraît contradictoire d'offrir

comme cause de décadence les droits d'un héritier et cette même hérédité que nous présentons ailleurs (1) comme cause de prospérité; mais cette contradiction cesse si l'on fait attention aux circonstances. Quelques exemples suffiront pour mettre dans tout son jour notre opinion sur la valeur des droits que ne défendent pas une armée et le talent du prince à qui ces droits sont transmis, ou que ne confirme pas le suffrage du peuple.

Henri IV se vit dans la nécessité de conquérir une couronne qui lui appartenait. *Charles de Lorraine* vit passer la sienne sur la tête de *Hugues-Capet*, qui n'y avait aucun droit. Tous les prétendans à un trône vacant font et sont obligés de faire un traité désavantageux pour leurs sujets avec le prince qui les secourt. *Louis XIV* parut grand et désintéressé en soutenant la cause désespérée du roi *Jacques;* mais s'il l'eût rétabli sur le trône, il y aurait peut-être eu quelques conditions onéreuses. Tous les rois de l'Europe semblent armés pour défendre ou venger *Louis XVI*, et c'est pour partager ses dépouilles, ainsi que l'atteste le traité de Pavie, monument d'un opprobre éternel (2).

La répudiation d'*Eléonore de Guyenne* faite im-

(1) Chap. *de la France.*

(2) Par ce traité de Pavie, daté du 20 mai 1791, l'Empereur reprenait les conquêtes de *Louis XIV* sur les Pays-Bas autrichiens, pour les donner en échange de la Bavière à l'électeur palatin; la princesse *Christine* et l'archiduc *Charles* devenaient possesseurs héréditaires du duché de Lorraine; l'Alsace retournait à l'Empire: on rendait à la Savoie la Bresse, le Bugey et le pays de Gex; enfin l'Espagne devait avoir le Roussillon, le Béarn et l'île de Corse. Remarquez que les spoliateurs étaient tous ou alliés ou de la famille de *Louis XVI.*

politiquement par *Louis*, et le mariage de cette princesse avec *Henri II*; le mariage de *Maximilien* avec l'héritière de Bourgogne ; celui de *Philippe le Beau* avec *Jeanne la Folle*, reine d'Espagne, héritière de Naples et de Sicile, donnèrent des droits au premier sur des provinces françaises, au second sur la Bourgogne et les Pays-Bas, au troisième sur les royaumes d'Espagne, de Naples et de Sicile. Les droits que la maison de *Plantagenet*, appelée au trône d'Angleterre, conservait sur plusieurs provinces de France, causèrent une guerre qui dura des siècles. Ceux de *Louis XII* et de *François Ier* sur le Milanais, transmis par *Valentine*, leur aïeule, firent prendre plusieurs fois les armes. Veut-on des droits d'un autre genre ? On se rappellera l'abandon fait à *Louis XI*, par *René*, roi sans royaume, de ses droits sur Naples et Sicile, États qu'il ne vit jamais, bien loin d'y régner. Ces prétendus droits, en vertu de cet abandon, furent cause des expéditions de Naples rapidement conquise, et plus rapidement évacuée. Enfin, nous terminerons cette énumération par les donations que firent les Papes de couronnes qui ne leur appartenaient pas. Ces dons transmirent des prétentions fondées sur un droit qui ne pouvait exister.

D'où l'on voit que les droits les plus réels ont eu le même sort que les droits les plus imaginaires, et que les uns et les autres furent toujours un sujet de discorde. Terminons par une observation que nous adressons à ceux qui, malgré les leçons de l'histoire, parlent toujours de droits. De toutes les familles qui régnaient sur les Etats que le génie de *Charlemagne* réunit pour en former l'Empire d'occident, il n'en existe pas une. Si l'on veut, en remontant pendant l'espace de dix siècles, rétablir tous les droits annulés par la fortune et la destinée, on arrive au chef de la monarchie française, centre de ce vaste Empire d'occident, dont l'intérêt de l'Europe et la paix du monde civilisé réclament impérieusement le retour.

Religion. — Il est dans tous les Etats de l'Europe, sans exception, une cause qui a plus ou moins influé sur leur puissance, leur faiblesse et leur durée. C'est la religion qui, pendant plusieurs siècles, servit de prétexte à l'ambition, et d'instrument aux passions des hommes. Le chef de cette religion, siégeant dans une ville qui avait été la maîtresse du monde, voulut lui rendre l'empire qu'elle avait perdu : mais les Romains n'existaient plus, et la terreur qu'ils avaient inspirée s'étant évanouie avec eux, il fallut employer des ressources inconnues. A défaut d'armées et de grands capitaines, on fit usage de l'opinion qui maîtrise les hommes, de la superstition qui les abrutit, et, avec ces moyens, on obtint souvent ce que des troupes belliqueuses, d'habiles généraux et d'immenses trésors n'eussent point fait obtenir. En parcourant successivement toutes les monarchies européennes, nous retrouvons constamment leur destinée modifiée par cette cause. Elle sera bientôt développée : nous la signalons parmi les causes intérieures, parce que la religion occasionna la plus grande partie des guerres civiles. Ajoutons qu'il dépend toujours du Souverain d'étouffer cette cause. *Henri IV* y serait parvenu sans effusion de sang. Les religions sont un sujet délicat à traiter, qui demande, dans un prince, de l'adresse et de l'habileté. En tolérer plusieurs, est le chef-d'œuvre de la politique, et le plus sûr moyen de n'en craindre aucune.

Systèmes politiques. — Dans ce rapide examen des causes intérieures, nous n'oublierons pas les deux systèmes politiques adoptés par l'Europe moderne, qui influaient à-la-fois sur chaque Etat en particulier, et sur tous ensemble.

Un gouvernement a deux rapports essentiels : le premier avec le peuple qui lui est soumis et dont les intérêts lui sont confiés ; le second, avec les autres gouvernemens. Ce sont ces derniers rapports qui entrent dans les systèmes politiques. Il y en a eu deux : le système *féodal* et celui de l'*équilibre* qui lui a succédé. Essayons d'en donner une idée.

La féodalité remonte aux enfans de *Charlemagne*. Ce prince avait créé des dignités et des charges révocables à volonté; mais la faiblesse de ses successeurs rendit ces charges héréditaires, et ceux qui les possédaient, indépendans. Les seigneurs s'étant affranchis craignirent qu'on ne les punît de leur usurpation et qu'on ne leur reprît ce qu'ils s'étaient approprié. Pour s'assurer l'impunité, ils n'avaient qu'un moyen; c'était de se faire un parti. Les charges des principaux seigneurs en mettaient d'autres dans leur dépendance. Ils affranchirent ces derniers, et par-là les intéressèrent à leur cause, qui devint commune entre les grands et les petits : dès lors l'autorité royale ne consista plus que dans un vain titre, et l'Europe n'offrit qu'une multitude de seigneurs fortifiés dans leurs châteaux, souvent armés les uns contre les autres, mais toujours occupés de brigandages. Les rapines, les pillages, les assassinats, le viol, dépendirent du caprice et des dispositions de chaque seigneur, et restèrent impunis, puisqu'il était juge dans sa propre cause. Il y eut des pays en Europe où cet ordre de choses, auquel on donna le nom de système féodal, subsista pendant cinq ou six siècles. Il commença dans le dixième. On doit sentir qu'il détruisait entièrement la civilisation. Il reçut dans notre patrie une modification qui affaiblit son influence ; ce fut l'institution de la chevalerie : elle suppléa aux lois, devenues muettes, et défendit les droits méconnus. Plusieurs seigneurs se réunirent pour protéger la sûreté publique et pour défendre les dames ; ils s'y obligèrent par des sermens et par des vœux. Ces associations devinrent générales : la religion les cimenta ; l'honneur, la générosité, la galanterie en furent les mobiles. Cette institution, qui servit de contrepoids aux désordres de la féodalité, a été tournée en ridicule, parce qu'on ne pouvait se faire une idée des abus qu'elle corrigeait, des torts qu'elle redressait, et qu'ayant survécu à ces abus, elle devait en effet paraître ridicule. Tout enthousiasme sans objet est puéril, et l'enthousiasme exista long-tems après que l'objet qui le justifiait eut disparu. La France est le sol natal de la chevalerie ; et comme cette institution affaiblissait les obstacles qui s'opposaient à la civilisation, il en résulta que la

France se poliça bien avant les autres États de l'Europe.

Tous les excès renferment les élémens de combinaisons nouvelles. Le système féodal en est une preuve. Les seigneurs se battaient : toute guerre est hasardeuse, et l'égalité ne peut long-tems se maintenir entre des partis qui se choquent avec violence. Les vainqueurs réunirent à leur domaine celui des vaincus, et devinrent puissans. Étant encore trop nombreux et toujours animés du désir naturel de s'agrandir aux dépens des autres, ils recommencèrent une lutte qui en diminua considérablement le nombre; alors, parmi ceux qui restaient, quelques-uns voulurent mettre leurs conquêtes à l'abri, et d'autres agrandir les leurs. Les premiers étant isolés, ne pouvaient résister aux seconds; ils s'allièrent entr'eux pour offrir à celui de ces derniers qui tenterait de les attaquer, une masse de résistance plus imposante et plus forte. La balance s'établit naturellement. On réfléchit sur cette combinaison; on vit quel avantage elle avait sur la désorganisation féodale, et l'on adopta le système dont nous allons parler et que la fin du dernier siècle a vu disparaître. L'équilibre en était le but, but chimérique qui ressemblait à la pierre philosophale, si long-tems et si inutilement cherchée. Lorsque la maison d'Autriche parvint à un degré de puissance qui causa dans l'Europe de justes alarmes, lorsqu'elle possédait à-la-fois les trésors du Nouveau-Monde, les deux monarchies les plus puissantes et plusieurs Etats de l'ancien, ce système devint plus général. On vit se former des alliances dont on ne soupçonnait point la possibilité. La résistance en devint sans doute plus forte ; mais ce qui fit plus que toutes les alliances, ce fut la situation des Etats et des vastes possessions de la maison d'Autriche : ils étaient séparés par d'autres Etats puissans. S'ils eussent été contigus, si l'Espagne, l'Allemagne, les souverainetés d'Italie, les Pays-Bas, la Hollande, la Franche-Comté, la Bourgogne, qui tous appartenaient à *Charles-Quint*, se fussent touchés, c'en était fait de l'Europe, et le système d'équilibre n'eût pas eu lieu. Ce n'est pas que ce système ait produit de grands résultats. On en va juger.

Quand il s'établit, les puissances de l'Europe s'allièrent les unes contre les autres, chacune suivant ses intérêts et ses projets. Les préjugés religieux semblaient exclure de ces alliances le Grand-Turc. Ce fut contre les sectateurs de *Mahomet* que toute l'Europe se ligua pour aller conquérir les mâsures de la Palestine, manie dont nous parlerons et qui dura deux siècles. L'inutilité totale d'une pareille émigration armée, l'épuisement qui en fut la suite, fit abandonner un projet insensé; mais la haine contre les Mahométans survécut pendant long-tems à ces folles tentatives. Ce fut donc avec le plus grand étonnement que l'on vit *François Ier* s'allier le premier avec le Turc. Ce prince était assez éclairé pour voir que la religion et la politique doivent être indépendantes l'une de l'autre. *Charles-Quint*, qui visait à la monarchie universelle, suivait le même culte que lui ; et si deux rois catholiques se battent, l'un des deux peut bien se faire aider par un mécréant ou un hérétique. *François Ier* compta au nombre de ses alliés le Turc et des princes protestans. Avec ces secours, il résista, sinon avec un bonheur constant, du moins quelquefois avec gloire et toujours avec honneur.

L'équilibre parut établi : mais l'énorme puissance de *Philippe II*, plus riche encore que son père, parce qu'il prit le Portugal et ses colonies, rompait naturellement cet équilibre s'il eût eu des talens militaires et plusieurs généraux habiles. La fortune lui avait accordé des Etats immenses et des trésors; mais la nature lui ayant refusé les talens nécessaires pour tirer parti de ces vastes moyens, les autres puissances échappèrent au danger qui les menaçait.

Si l'équilibre pouvait servir à quelque chose, ce devait être à empêcher un Etat du second ordre de s'agrandir, de se mettre en première ligne, de devenir redoutable. N'a-t-on pas vu l'électeur de Brandebourg se faire roi, et roi conquérant, malgré ce système vanté? Ce système a-t-il garanti la Pologne de trois partages successifs, dont le dernier a totalement anéanti cette puissance?

On a accusé *Louis XIV* d'avoir voulu détruire l'équilibre par ses conquêtes : mais il ne réserva que des provinces sur lesquelles la France avait des droits, et qui étaient enclavées naturellement dans son territoire.

Les fameuses coalitions de toutes les puissances contre les Français ont forcé ce peuple d'user de tous ses moyens. On voulait l'envahir et partager ses provinces. Il se déborda comme un torrent et détruisit plusieurs puissances du second ordre. C'est en commençant par se défendre qu'il est devenu victorieux et conquérant. L'Europe étonnée apprit quelles étaient nos ressources, et se repentit de nous les avoir fait connaître.

L'accusation que nous font les Anglais d'avoir détruit cet équilibre, tombe d'elle-même à l'examen d'un petit nombre de faits. Etait-ce pour le maintenir que deux empereurs, des rois et des princes, réunis contre nous en 1792, se proposaient de partager la France, ainsi que l'atteste le traité de Pavie?

On doit sentir l'insuffisance du système d'équilibre. Il n'y a rien à répliquer aux faits, et en politique on ne juge que par les faits et les résultats. Le système d'équilibre est détruit, donc il ne valait rien. S'il eût été bon, il eût triomphé de tout.

Ajoutons que, malgré cet équilibre, les guerres qu'il devait prévenir n'en ont pas moins eu lieu, et que les petits États qu'il devait garantir n'en ont pas moins été attaqués. Il est vrai qu'en vertu de l'équilibre, on les rendait à la paix : triste dédommagement qui n'empêchait pas leur ruine, et les exposait à une nouvelle aggression quand leurs pertes étaient réparées.

CHAPITRE II.

CAUSES EXTÉRIEURES.

1°. Gouvernement théocratique. — Dans les deux derniers siècles, et notamment dans le nôtre, la force d'opinion céda à celle des armes; et, pour conquérir ou donner un royaume, il fallut une armée, un général et la victoire. Il y a dans l'histoire moderne un phénomène particulier à l'Europe, sans exemple dans l'antiquité ou dans les autres contrées du monde : il est probable qu'on ne le verra point se reproduire. C'est de voir un souverain sans troupes, sans état militaire, sans généraux, sans argent, sans pays, presque toujours étranger à la ville qu'il gouverne, souvent tiré de la dernière classe de la société, bouleverser les empires les mieux établis, jouir d'une telle autorité, qu'il dispose à son gré des trônes, et force à se prosterner auprès du sien les rois les plus puissans, pour lui rendre hommage et recevoir leur investiture. Cette réflexion n'est point une vaine déclamation contre la souveraineté pontificale : encore moins voudrions-nous faire, contre ceux qui en furent revêtus, et dont un grand nombre a de justes droits à nos hommages, une diatribe lâche, tardive et déplacée. Nous dirons même qu'en politique, les papes firent bien (vu l'impulsion donnée à leurs siècles), de se servir des foudres imaginaires que l'opinion mettait dans leurs mains (et que seulement ils auraient dû mieux diriger), puisque ces armes qui recevaient toute leur force d'une croyance excessive et de la superstition, étaient plus redoutables que les lances, les traits et même l'artillerie. En politique, on se sert de la force pour attaquer ou se défendre : celle des papes consistait en bulles, en excommunications : victoire facile et sans gloire que remporte, sur des troupeaux étonnés, un homme qui peut-être a ri le premier de sa chimérique puissance. Le tems, qui fait justice de tout, a remis les papes à leur place et les rois à la leur.

L'histoire de la souveraineté pontificale n'entre point dans notre plan, puisqu'elle ne forme pas un gouvernement dans l'acception qu'on doit donner à ce mot; mais elle nous fournit une des principales causes qui influèrent sur la destinée des puissances de l'Europe. C'est une monarchie imaginaire dont l'existence sort de la règle commune, et dont le principal soin fut, pendant long-tems, de se mêler des affaires des autres. Disons donc un mot de l'origine de la puissance temporelle des papes; traçons un précis de leur conduite, et justifions par des faits ce que nous avons avancé.

Si l'on ajoute foi aux récits faits par une aveugle piété, les papes étaient en quelque sorte, dès les premiers siècles, regardés comme des oracles : ils résistaient aux empereurs d'orient, annulaient leurs édits, et jouissaient déjà d'une grande autorité. Voilà ce qu'on raconte; voici ce qu'il faut croire. L'église de Rome n'eut et ne pouvait avoir aucune puissance jusqu'au règne de *Théodose*, parce que, jusqu'à cette époque, elle subsistait inconnue, ou du moins méprisée, ayant autour d'elle sept cents temples grands ou petits consacrés aux dieux *majorum et minorum gentium*. On sent que l'évêque de Rome, au milieu de cette foule de dieux, ne devait pas faire une brillante figure. Voilà quatre siècles. Cependant *Constantin* avait donné auparavant à l'église de Saint-Jean (non à l'évêque de Rome) des sommes d'argent considérables et quelques terres dans la Calabre L'évêque était chargé de nourrir les pauvres, et d'envoyer des misssions en orient et en occident : ce fut le motif des premières donations. Dans le siècle qui suivit celui de *Théodose*, Rome fut prise et pillée par *Alaric*, dépouillée quarante-cinq ans après par *Genseric*, pillée de nouveau par *Odoacre* en 476, et enfin par *Théodoric*. Ce dernier établit le siége de son empire à Ravenne, d'où il gouvernait Rome. Deux papes se disputaient la chaire épiscopale; il termina le différend en choisissant l'un des deux. *Atalaric*, son petit-fils, régla les élections des papes. Pendant que les Visigoths, les Vandales, les Hérules et les Ostrogoths se succédaient ainsi à Rome, on conviendra que son évêque ne devait pas avoir une grande autorité. Dans le sixième siècle, *Justinien* reprit Rome, qui retomba au pouvoir des Barbares en 552. Peu de tems après, *Narsis* la reprit; mais ce général s'étant brouillé avec l'empereur, il appela en Italie, en 557, les Lombards qui furent redoutables aux chrétiens. Voilà des faits bien constans qu'on ne saurait révoquer en doute, et qui nous conduisent jusqu'au huitième siècle, époque où commence l'autorité temporelle des papes. Dans les septième et huitième siècles, Rome obéissait à un exarque résidant à Ravenne, et reconnaissait toujours les empereurs pour maîtres. Le pape ne pouvait être sacré qu'avec la permission expresse de l'exarque. Il y a loin de là au droit de sacrer les rois, d'exiger leurs hommages et de donner leurs couronnes !

En 754, *Etienne III*, menacé par les Lombards, vint en France se jeter aux pieds de *Pepin*, dont il implora la protection, et qu'ensuite il couronna et sacra. C'était la seconde fois que *Pepin* se soumettait à cette cérémonie. Il avait été sacré par *Boniface*, évêque de Mayence, nommé par le frère de *Pepin* sans le concours du pape. Ce second sacre fait croire que, dès ce tems, on regardait un évêque de Rome comme supérieur à un évêque de Mayence. Remarquons, en passant, qu'*Etienne* se prosterna aux pieds de *Pepin*, que *Charles*, fils de *Pepin*, baisa ceux de ce Pontife, et que cette marque de respect, sans conséquence alors, parce qu'elle était en usage dans l'orient, fut dans la suite, et par le pape *Adrien Ier* qui l'exigea, réservée exclusivement aux souverains pontifes.

Pepin passe en Italie, enlève l'exarchat de Ravenne au roi des Lombards *Astolphe*, et le donne au pape. D'autres veulent qu'il ait forcé ce roi à céder cet exarchat. Dès que *Pepin* eut abandonné l'Italie, *Astolphe*, au lieu de ratifier la cession ou la donation, assiégea Rome. *Etienne* implore de nouveau le roi de France qui revient battre *Astolphe*, et recommencer ce qu'il avait fait. Ce n'est que cent quarante ans après cette donation de l'exarchat qu'on en a parlé pour la première fois. Plusieurs auteurs l'ont révoquée en doute. La possession de ce pays par les papes est cependant un fait qu'on ne saurait nier. Quant au droit, c'est une autre affaire. Ceux qui comptent les droits en politique pour quelque chose, ont, dans la spoliation forcée ou volontaire d'*Astolphe*, un champ fertile en discussions. Ils se rappelleront que *Pepin* détrôna, fit raser et renfermer dans un monastère *Childéric III;* qu'il demanda pardon de cette conduite au pape *Etienne III,* qui y était étranger; que le pape l'approuva, couronna *Pepin*, et défendit aux Français de se donner des rois d'une autre race; enfin que *Pepin*, par reconnaissance, lui donna l'exarchat de Ravenne, qui ne lui appartenait point.

On voit quels progrès fit, dans l'espace de trois années, l'autorité temporelle du pape. Il devient possesseur d'un état, et dicte des lois dans un autre.

Protégeant ensuite *Didier,* général d'*Astolphe*, au préjudice du frère de ce roi, le même *Etienne III* aide ce général à s'emparer du royaume des Lombards, et n'oublie pas de faire confirmer la donation de *Pepin*. *Didier* fit plus, il l'augmenta.

Le soin qu'ont pris quelques papes de faire confirmer cette donation de *Pepin,* prouve qu'ils doutaient de sa légitimité. En 962, *Othon*, maître de Rome, exigea serment de fidélité du pape, ainsi que du clergé et de la noblesse romaine, qui s'engagèrent à ne jamais élire de souverain pontife sans le consentement de l'empereur. Dans l'acte authentique qui fut dressé de cet engagement, *Othon* confirma les donations de *Pepin* et celles de *Charlemagne* et de *Louis-le-Débonnaire*.

Charlemagne, en ratifiant les dons de *Pepin*, en ajouta plusieurs autres. Mais ce qui accrut les biens du pape, ce fut la donation que fit *Mathilde*, comtesse de Toscane, de tous ses Etats en 1112; en voici l'énumération : la Toscane, Mantoue, Parme, Plaisance, Reggio, Ferrare, Modène, une partie de l'Ombrie, Spolète, Vérone, presque tout le patrimoine de Saint-Pierre, Viterbe et une portion de la Marche d'Ancône. Cette donation, confirmée par le testament de *Mathilde*, fut une source de guerres. Les empereurs en réclamèrent une partie à titre de fiefs de l'Empire, et il fallut la leur céder.

Mais l'autorité que pouvaient donner ces états aux papes n'était rien en comparaison de celle dont ils jouissaient dans les états des autres princes; c'est là ce qui fit réellement leur puissance; c'est là ce qui les a rendus souvent si redoutables. C'était une suite nécessaire *du gouvernement le plus absurde auquel les hommes se soient jamais soumis. Cette absurdité consistait à dépendre chez soi d'un étranger* (1).

Contre toutes les idées, contre tous les principes reçus, un empire s'établit dans les autres empires, et le sacerdoce, abusant de son pouvoir spirituel, empiéta sur le gouvernement temporel.

On vit *Lothaire*, roi de Lorraine, descendant de *Charlemagne*, excommunié pour avoir fait prononcer son divorce par un concile, être obligé de se transporter à trois cents lieues de sa capitale, d'aller plaider à Rome, apprendre du pape quelle femme

---

(1) Voltaire, *Essai sur l'esprit et les mœurs des nations.*

il devait avoir, et demander pardon au pontife *Adrien.* On vit le pape *Formose* sacrer trois prétendans à l'empire d'occident; *Grégoire VII* donner la Hongrie et se prétendre seigneur suzerain et domanial de l'Espagne; *Innocent III* donner l'Angleterre au roi de France; *Clément IV* prêcher une croisade contre *Conradin*, héritier du trône de Naples, et donner ce trône; *Martin IV* déposer le roi d'Aragon, et, par une bulle, donner ses Etats au roi de France; *Boniface VIII* disposer de la Sardaigne et de la Corse en faveur de *Jacques*, roi d'Aragon; le même *Boniface* écrire au roi *Edouard: Vous devez savoir que c'est à nous à nommer un roi à l'Ecosse;* ordonner qu'*Albert* d'Autriche, qui *se dit roi* des Romains, comparaisse à Rome; l'excommunier, et forcé de reconnaître ensuite ce prince victorieux, s'allier avec lui et lui donner, par une bulle, le royaume de France, qui *de droit appartenait* aux empereurs; le roi de Suède demander à *Benoît XII* une partie du Danemarck, *qui ne dépend*, est-il dit dans la lettre, *que de l'Eglise romaine, à laquelle il paie tribut.*

Nous ne finirions point cette énumération : le lecteur qui voudrait un plus grand nombre de faits, en trouvera facilement dans l'histoire. Ils prouvent l'aveuglement et la faiblesse de plusieurs princes, et l'ambition des papes. Tous les rois n'eurent pas une obéissance aussi servile; on en vit qui affrontèrent, dans Rome même, les foudres du Vatican. On sait quels démêlés eurent *Boniface* et *Philippe.* Nous donnâmes, dans le quatorzième siècle, pendant le grand schisme d'occident, un exemple qui ne fut point imité et qui méritait de l'être. Les états-généraux de France, rassemblés pendant que l'Europe s'agitait pour savoir auquel des deux papes élus on devait obéir, décidèrent qu'on n'en reconnaîtrait aucun. On ne paya plus d'annates, et chaque diocèse se gouverna par son évêque. Rome dut trembler; mais le parti que nous prîmes était trop sage dans ces tems superstitieux, pour avoir une longue durée et des imitateurs.

On vit pendant long-tems deux papes à-la-fois, quelquefois trois, élus chacun par un parti, s'excommunier ou s'exiler mutuellement, et l'Europe partagée entre ces papes. Rien ne paraissait devoir être plus propre à faire apprécier à sa juste valeur cette puissance chimérique tout-à-la-fois et colossale. Ce qui devait achever de dessiller les yeux, c'était la conduite scandaleuse de plusieurs souverains pontifes: mais, si la personne était méprisable, la dignité semblait être sacrée. Ce qui aurait renversé de fond en comble tout autre Gouvernement, n'ébranlait pas le trône pontifical; tant il est vrai que l'opinion est la maîtresse du monde, et tant sa force et les effets qui en résultent sont incalculables. Elle résiste même aux contradictions les plus évidentes : témoin cette doctrine de l'infaillibilité des papes, qui devait être détruite lorsque l'on vit deux et trois papes à la fois, et qui n'en fit que plus de prosélytes.

On a vu le Gouvernement théocratique établi quelquefois, mais il ne dépassait point les limites de l'État : celui de Rome seul s'étendait au loin; son chef avait une place auprès de chaque trône, et l'autorité que lui donnait cette place était souvent plus grande que celle du monarque. Ce fut par-tout, dans notre Europe, un foyer de discorde et de troubles perpétuels. Ce fut, de toutes les causes de la décadence des Etats, celle qui eut le plus d'influence. Cest le motif pour lequel nous nous y sommes arrêtés.

La seconde cause extérieure est l'indépendance des petits Etats, que nous allons passer en revue dans le prochain chapitre.

CHAPITRE III.

DE L'INDÉPENDANCE DES PETITS ÉTATS.

Coup-d'œil sur l'Italie.

En politique la balance ne peut être exactement maintenue avec cette indépendance. Aussi les Etats subalternes ont-ils toujours été une cause constante de querelles et de guerres, ainsi qu'on le verra bientôt. La marche de l'esprit humain tend aux progrès dans les arts et les sciences; et dans l'ordre politique à l'accroissement et à la sûreté. Les arts et les sciences n'ont point de bornes, ou du moins ne sont-elles pas dans l'horizon mis sous nos yeux. La politique en a qu'elle ne dépasse point. Un État qui n'est pas assez puissant, doit se mettre sous la protection d'un grand; il en fait alors partie : la cause est commune, les intérêts se confondent. Autrement il court à sa destruction : qu'il attaque ou qu'il se défende, il est perdu : s'il appelle à son secours, il est ruiné.

Dans le système d'*équilibre* que nous avons vu finir, et dont les inconvéniens ont été démontrés, les petits États paraissaient avoir une sorte de garantie. Cet équilibre, la chimère des derniers siècles, semblait être leur sauve-garde; cependant ils ont toujours été en proie aux guerres civiles ou aux guerres étrangères, et le plus souvent ils étaient la cause de celles-ci. On dira qu'ils contractaient des alliances, ou que, lorsqu'il n'y avait pas d'alliance formelle, il y en avait toujours une positive et réelle, en ce que, si les petits États étaient menacés par un grand, les autres puissances les secouraient, pour s'opposer à une conquête qui eût augmenté la force d'une puissance rivale. Mais les petits payaient toujours une grande partie des frais de la guerre, et quand ils n'étaient pas envahis, ils étaient ruinés. C'était le même résultat si, après avoir été conquis, on les rendait à la paix, comme il est souvent arrivé. De toute manière l'équilibre prétendu ne les garantissait de rien. Le seul système qui assure leur durée et leur prospérité, est le système fédératif, ouvrage du génie couvert encore d'un voile qu'il serait téméraire de vouloir soulever.

Les petits États ont sans cesse pour but de composer de grands Empires; mais il est difficile de se bien placer quand on arrive tard. Voilà pourquoi, dans les tems modernes, on voit peu de puissances du second ordre se mettre en première ligne. Il est cependant un exemple qu'on ne saurait passer sous silence : c'est la Prusse.

La Prusse qui était, il n'y a guère plus d'un siècle, au nombre des petits États, offre un phénomène digne de remarque. Elle s'accroît graduellement et finit par se placer au rang des puissances du premier ordre. Il ne serait pas difficile d'en trouver la cause dans la faiblesse du Gouvernement de Pologne dont la Prusse était en partie feudataire, et dans les fautes de l'Autriche qui laissa un prince vassal se former, s'agrandir, devenir plus puissant qu'elle et jouir d'une autorité illimitée, tandis que les constitutions de l'Empire resserraient la sienne : impolitique d'autant plus inexplicable que la Prusse était toujours et devait toujours être, par les circonstances et par sa position, la rivale ou l'ennemie de l'Autriche, et ne pouvait jamais devenir son alliée. On a vu, dans le siècle dernier, l'Autriche trembler devant le roi de Prusse.

Nous avons fait voir comment les puissances qui n'étaient pas en première ligne avaient pu résister à celles du premier ordre. Montrons quelle fut leur influence sur les grands États. Ne nous arrêtant qu'aux monarchies, nous ne pouvons cependant passer sous silence les autres Gouvernemens, soit parce qu'ils eurent souvent, avec ces monarchies, des intérêts à débattre, soit parce qu'ils furent mêlés dans leur querelles. Des causes générales, en produisant ailleurs de grandes révolutions, entraînaient certains peuples comme une partie obligée de suivre le sort des autres; et de petites causes presque imperceptibles, développées dans un petit Etat, ont quelquefois bouleversé les grands.

L'Italie. — Commençons notre revue par l'Italie composée de plusieurs Etats. Il était de la destinée de cette Rome si célèbre, de conquérir les Empires anciens, et de dominer encore dans les siècles modernes. Mais l'Empire qu'elle eut, étant maîtresse du monde, était dû à la bravoure, à la force de ses armes, à la sagesse de son sénat, à la victoire presque toujours fidèle, à une politique habile et toujours bien calculée, à l'amour de la patrie. On conçoit un Empire posé sur de pareilles bases; mais Rome moderne, régnant despotiquement, bouleversant les Etats, est un phénomène qui ne s'explique qu'aux dépens de l'intelligence humaine.

Le berceau de l'Empire romain offre, dans les siècles modernes, de petits Etats, des ducs, des républiques et deux monarchies, dont l'une, née et détruite dans le même siècle, réclamerait peu notre attention, sans les prétentions ridicules qu'elle eut, et dont l'énumération sera curieuse. C'est la maison de Savoie qui remonte à 876; elle a donné seize comtes, quatorze ducs, et cinq rois.

Le duc de Savoie acquit en 1713, de *Philippe V*, roi d'Espagne, la Sicile, et prit le titre de roi. En 1718, il échangea cette île contre la Sardaigne, dont il prit le nom. Cinq souverains ont, depuis cette époque jusqu'à nos jours, occupé successivement le trône. Cette puissance du second ordre ne pouvait résister aux changemens qui ont eu lieu, et qui ne permettaient l'indépendance qu'aux peuples assez forts pour la maintenir.

Influence de la Savoie. — On remarque que la maison de Savoie attaqua presque toujours et qu'elle prit part à beaucoup d'événemens auxquels elle aurait dû rester étrangère. Sous les comtes, elle fut toujours en guerre avec ses voisins, le marquis de Saluces, celui de Montferrat, les comtes de Genève, les dauphins du Viennois, les vicomtes de Milan : souvent victorieuse, elle s'agrandit aux dépens de tous et soumit le Piémont. Sous les ducs, elle fut d'abord moins heureuse : son pays, parcouru par les Français pendant leurs expéditions sur le Milanais, devient l'arène où *François Ier* et *Charles-Quint* se battent. Enfin elle perd une partie de ses Etats, qui ne lui fut rendue qu'au traité de Catau - Cambresis. *Charles - Emmanuel*, l'un de ses ducs, est fameux par ses prétentions. Après la mort de *Henri II*, il voulut être roi de France, ensuite empereur d'Allemagne, et succéder à *Mathias;* puis roi de Portugal. Il prétendait que son mariage avec la fille de *Philippe II*, roi d'Espagne, héritière, par sa mère, de la maison de Valois, lui donnait des droits sur les provinces acquises par cette maison, comme la Provence et la Bretagne, et sur les Pays-Bas, etc. Toutes ses demandes se terminèrent par la prise de Nice et par une expédition dans le Montferrat, qui réunit contre lui les Français et les Espagnols. C'est ce duc qui vint à Paris pour conférer avec *Henri IV*, le tromper, et, par ses intrigues, corrompre *Biron* et causer sa perte. Les successeurs d'*Emmanuel* héritèrent des mêmes prétentions et en augmentèrent le nombre : ils réclamaient l'Achaïe, la Morée, le trône de Constantinople; prenaient le titre de roi de Chypre, de Jérusalem et d'Arménie; énonçaient des droits sur Genève, Fribourg, le Valais et le pays de Vaud. Enfin, pour prétendre à l'empire d'Allemagne, ils se disaient de la même origine que la maison de Saxe. Toutes ces ridicules prétentions contribuèrent à faire donner au duc le titre de roi, titre qui n'ajoutait rien à sa puissance.

Sous les rois, les princes de cette maison se mêlent de toutes les guerres et de toutes les négociations de l'Europe pendant le dix-huitième siècle. Leur adhésion à la coalition faite contre la France, fut l'écueil contre lequel ils échouèrent. Passons à Naples.

Naples. — Long-tems ou souvent assujétie, Naples a fait partie d'un grand empire (l'empire romain, ensuite l'empire grec), ou d'un grand royaume (celui d'Italie sous les Goths et sous les Lombards), ou bien elle a été soumise à des princes qui, en faisant ailleurs leur résidence, gouvernaient le pays napolitain par leurs ministres.

Aucun pays n'a été la cause ou l'objet de tant de démêlés : les deux premiers patriarches du monde, celui de Rome en occident, et celui de Constantinople en orient, se le sont disputé.

Vers la fin du onzième siècle, les enfans de *Tancrède de Hauteville*, seigneur normand, fondent l'Etat de Naples; leur oncle *Roger* s'était rendu maître de la Sicile en 1058. L'un de ses enfans succède au roi de Naples, et les deux couronnes n'en forment plus qu'une en 1129. Ce pays était feudataire de l'empereur. Pour secouer le joug, les nouveaux princes usèrent d'une précaution employée alors et insinuée par les papes pour accroître leur empire. Afin de mettre en sûreté leurs domaines, les particuliers en faisaient offrande à l'Église, qui en laissait jouir moyennant une légère redevance. Les princes normands mirent sous la protection de *Nicolas II* toutes leurs conquêtes. Telle est l'origine de la suzeraineté de Rome sur l'Etat de Naples. *Constance*, dernière princesse du sang des enfans de *Tancrède*, héritière des deux couronnes, les porta en mariage, en 1186, à *Henri VI*. Il y avait eu cinq souverains de cette maison : celle de Souabe en donna quatre. Mais *Clément IV*, comme suzerain, investit, en 1265, *Charles d'Anjou*, frère de *St.-Louis*, du royaume de Naples. La maison d'Aragon gouverna la Sicile. Les descendans du comte *d'Anjou*, au nombre de sept, règnent à Naples jusqu'en 1384; alors *Jeanne Iere* adopta par son testament *Louis*, duc d'Anjou, fils du roi *Jean*. *Durazzo*, parent de la reine, la fait étrangler et monte sur le trône ; ce qui fait deux maisons d'Anjou, dont l'une ne porta que le titre de roi. *Jeanne II*, dernière souveraine du royaume de Naples, institua pour son héritier, en 1434, *René d'Anjou*, qui, ayant un double droit sur cet Etat, n'y put jamais régner ; *Alphonse*, roi d'Aragon et de Sicile, le lui enleva en 1450. *Ferdinand*, bâtard de ce prince, lui succède et reçoit l'investiture du pape au préjudice de la maison d'Anjou. La couronne lui est disputée par les rois de France comme représentant les comtes d'Anjou, et par ceux d'Aragon comme héritiers légitimes d'*Alphonse V*. De là l'expedition de *Charles VIII* et celle de *Louis XII* qui s'empara de Naples de concert avec *Ferdinand* le catholique. Mais la mésintelligence se met entre ces deux princes : ils se battent, et le roi d'Aragon n'a plus de rivaux. Le royaume de Naples et de Sicile fit ensuite partie de la monarchie espagnole jusqu'en 1714 qu'il fut cédé à l'empereur *Charles VI*. En 1735, par le traité de Vienne, Naples passa de la maison d'Autriche dans celle d'Espagne. Don *Carlos* en fut roi; la mort de ses frères laissant le trône de Madrid vacant, il céda celui de Naples à *Ferdinand*, son second fils, qui se trouve aujourd'hui dans la position de *René*, comte d'Anjou.

Telle est l'idée sommaire qu'on peut se faire de l'histoire agitée du royaume de Naples. La fertilité de son sol, la beauté de son climat, sa position maritime qui lui donne des moyens de commerce, furent toujours un appât pour plusieurs princes, et une source de guerres. Sa situation l'eût garanti de toute invasion, s'il eût été voisin d'une puissance continentale alliée, si le reste de l'Italie n'eût formé qu'un Etat. Mais, dans tous les tems, ce fut une proie facile à saisir, et, par là même, difficile à garder.

Venise. — Fondée dans le sixième siècle par des réfugiés de Padoue qui fuyaient la fureur des Lombards, Venise s'accrut dans les siècles suivans, et acquit une telle puissance par son commerce, qu'elle causa des alarmes bien fondées. Assise au milieu des eaux, elle présente un spectacle unique par sa position, et l'un des plus grands monumens de l'industrie de l'homme. Il fallait qu'elle évitât également, pour sa sûreté, et la profondeur des eaux qui l'environnent, afin que les navires n'y pussent avoir d'accès, et leur diminution pour empêcher la réunion de la ville à la terre ferme. Pour tenir ce juste milieu, les Vénitiens creusèrent des canaux, et détournèrent le cours des rivières qui pouvaient occasionner des attérissemens. Réduits ainsi à eux-mêmes, réunis dans une société pour ainsi dire isolée, ils se donnèrent le seul gouvernement qui leur convînt dans les siècles du moyen âge, si l'on en juge par la prospérité et même par la grandeur à laquelle ils parvinrent. De tous les gouvernemens qui existaient en Europe, celui des Vénitiens fut pendant long-tems le seul réglé, stable, uniforme, avantage inappréciable qui doit être regardé comme la principale cause de leur grandeur. Ils changèrent leur gouvernement en 1247. Leur situation indiquait la conduite qu'ils devaient tenir pour maintenir leur indépendance. C'était d'apprendre à connaître, à maîtriser l'élément sur lequel ils se trouvaient. Ils devinrent marins; et, forcés par le besoin, par la nécessité, ils firent des progrès dans cet art, et eurent une marine redoutable avant que d'autres peuples plus puissans qu'eux et riverains de la mer en créassent une, même imparfaite. Sa faiblesse fit d'abord sa sûreté : la prudence du Gouvernement suppléa à la force : éviter avec soin le danger pour se conserver, s'agrandir, et y résister lorsqu'il est inévitable, telle paraît avoir été sa maxime dans les premiers siècles de son existence. Elle devint, par degrés, l'Etat le plus commerçant de l'Europe, et, par sa politique, plus que par ses armes, joua un rôle parmi les puissances de cette partie du monde. Cependant, oubliant leurs premières maximes, les Vénitiens firent des conquêtes; ils s'emparèrent de Rimini, de Faënza, d'un grand nombre de terres dans le Boulonnais, dans le Ferrarois, dans le duché d'Urbin; Vérone, Vicence, Padoue, la Marche Trévisane, le Frioul, leur appartenaient. Ils avaient pris l'île de Chypre, la Dalmatie, etc. Ce n'était plus une ville dans les eaux, c'était un Etat puissant, et plus riche par son commerce immense et ses voyages maritimes que tous les autres Etats ensemble. Le pape *Jules II*, voulant recouvrer ce dont les Vénitiens l'avaient dépouillé, mais n'ayant à sa disposition que des foudres et des bulles, armes qui n'étaient plus à craindre, et que Venise avait toujours bravées, forma une ligue contre cette république. Il sut, par son adresse et ses intrigues, faire de sa cause celle de tous les souverains de l'Europe. Les principaux ajournèrent leurs différends, et s'unirent à Cambrai contre Venise. Rome elle-même n'avait jamais vu des rois aussi puissans ligués contr'elle. *Louis XII*, l'empereur, le roi d'Espagne, le duc de Ferrare, le marquis de Mantoue, fondirent sur les conquêtes des Vénitiens en Italie, et les leur enlevèrent.

Venise eut des guerres avec les Hongrois, lutta contre les empereurs d'Allemagne, contre les forces de l'orient. Réunie aux croisés français, elle conquit avec eux Constantinople; elle s'empara des îles de l'Archipel, et celle de Crète devint une de ses provinces. Mais, à la fin du treizième siècle, des changemens introduits par le doge dans la constitution, firent des mécontens. Il y eut des troubles intérieurs; Gênes profita de ces troubles pour humilier sa rivale et détruire une partie de sa marine. La découverte de l'Amérique a ruiné le commerce des Vénitiens, qui jusqu'alors avaient été les facteurs de l'Europe.

Le gouvernement qui convenait à Venise naissante, ne convenait plus à Venise conquérante. Elle perdit toute son influence, et bientôt enfin une indépendance qu'elle ne pouvait plus défendre.

Gènes. — Fameuse par le nombre de ses révolutions. Les Romains, les Carthaginois, les Goths et les Lombards s'en emparèrent tour-à-tour. *Charlemagne* l'annexa à l'Empire français ; les Sarrasins la pillèrent au dixième siècle, tuèrent les hommes, et transportèrent les femmes en Afrique. Rétablie encore, elle devint florissante et brilla par le commerce, et même par les armes ; elle soutint, avec avantage, neuf guerres contre les Vénitiens, battit les Pisans. Mais ensuite, les Génois s'étant divisés entre eux, on vit les rois de Naples, les seigneurs de Milan, les marquis de Montferrat, et la France même, appelés par les différens partis ; elle se donna au roi de France *Charles VI*, puis se révolta ; elle traita de même *Charles VIII*; elle s'offrit à *Louis XI*, qui n'en voulut point ; enfin, elle se livra, en 1464, au duc de Milan, dont elle secoua bientôt le joug. On la vit essayer douze modes de Gouvernement. *André Doria* concilia tous les esprits en 1527, et trouva le moyen de fixer l'inconstance de Gènes par un gouvernement aristocratique qui a subsisté jusqu'en 1796.

La République de Gènes, en se mettant sous la protection de plusieurs puissances, a été un sujet de troubles : abandonnée à elle-même, elle fut pendant long-tems déchirée par des guerres civiles.

Avant de passer aux autres républiques, parcourons rapidement les États de l'Italie. Tous, ainsi que Gênes, doivent leur origine à l'anarchie, qui désola cette belle partie de l'Europe.

Le Duché de Milan. — C'était une portion de l'ancien royaume de Lombardie ; elle forma un Etat séparé. Le droit de succession y fut presque toujours la cause ou le prétexte des guerres. *Charlemagne* en fit une province du royaume d'Italie ; il le transmit à ses descendans, qui en jouirent jusqu'à la fin du neuvième siècle. Les empereurs d'Allemagne en furent ensuite possesseurs : les *Visconti* la gouvernèrent dans le dixième siècle. *Valentine Visconti*, dernière princesse de cette maison, épousa le duc d'Orléans, et ce mariage donna, à *Louis XII* et à *François Ier*, des droits funestes sur cet État, qui fut disputé par le roi de Naples, muni du testament d'un *Visconti*, et par l'Empereur, comme suzerain. Les Milanais, ne voulant point de maître, se donnèrent un chef, en 1450, dans *François Sforce*, dont les descendans furent ducs jusqu'en 1535, que le duché passa à *Philippe II*.

L'État de Milan a, depuis cette époque, suivi la destinée de l'Espagne. Au traité d'Utrecht, il échut à la maison d'Autriche allemande ; puis il passa à celle de Lorraine, qui l'a perdu par le traité de Lunéville.

On voit que le Milanais a été la cause de plusieurs guerres, que son indépendance fut passagère, et qu'il fit partie de royaumes dont il était séparé par des Etats intermédiaires.

TOSCANE.—Dans l'origine, cet Etat porta le nom d'*Etrurie*, nom qu'il a repris de nos jours ; il y eut des révolutions innombrables et des troubles sans fin jusqu'aux *Médicis*, qui y ramenèrent le repos, y firent fleurir les arts. La Toscane passa, en 1737, dans la maison de Lorraine.

Parme, Plaisance.—Ces deux villes, après avoir souvent changé de maîtres, se donnèrent au pape, puis à l'Empire, qui les céda à *Jules II;* elles appartinrent ensuite au duc de Milan. Léon X les reprit; en 1515, les Français s'en emparèrent; en 1521, le même *Léon X,* aidé des Impériaux, chassa les nouveaux maîtres de Parme. *Alexandre Farnèse,* élu pape sous le nom de *Paul III,* érigea les deux villes en duché, et le donna à l'un de ses enfans. Ses descendans l'ont occupé jusqu'en 1731, qu'il passa à don Carlos; celui-ci céda ce duché à *Charles IV,* empereur, d'où il retourna à la maison d'Espagne; il fut échangé contre l'Etrurie en 1802.

Il n'est pas besoin de parler des Etats de Modène, de Ferrare, de Reggio, de ceux appartenant aux papes. Tous, sans exception, ont été un sujet de contestations, ou, quand ils furent livrés à eux-mêmes, en proie à l'anarchie.

Passons aux Etats de l'Europe qui n'ont point été soumis à une constitution monarchique, et qui, pour cette raison, n'entrent dans le plan que nous nous sommes tracé, que par l'influence qu'ils eurent sur ces derniers.

CHAPITRE IV.

DES ÉTATS NON-MONARCHIQUES SITUÉS HORS DE L'ITALIE.

Nous nous arrêterons aux trois principaux : *la Pologne, la Hollande et la Suisse.*

La Pologne. — C'était une république aristocratique dont le chef prenait le titre de roi ; on avait tellement limité son pouvoir, qu'il n'était réellement que le gouverneur de la république. A son élection, chaque gentilhomme avait droit de donner sa voix. Les Etats étaient composés d'évêques, d'abbés, de palatins, nommés *vaivodes*, des gouverneurs de provinces, des châtelains et des principaux officiers de la couronne ; ils formaient le sénat ou conseil composé de cent cinquante individus. Il faut ajouter à ce nombre les députés de la noblesse, qui avaient beaucoup d'analogie avec les tribuns de Rome, puisqu'un seul pouvait infirmer ou annuler, par son opposition, et en prononçant ce mot fameux *veto*, les délibérations de toute l'assemblée. Les Polonais appelaient ce droit de contredire, *animam libertatis.* Il eût été plus juste de le regarder comme un élément de discordes, ainsi que l'a prouvé l'expérience ; il est étonnant qu'il y ait eu une seule décision avec ce droit absurde. On ne voulait jamais élire un successeur à la couronne pendant la vie du roi régnant ; on attendait un interrègne, pendant lequel l'archevêque de *Gnesne* était alors primat ou régent du royaume, et gouvernait l'Etat sous le titre d'*interrex*. On serait tenté de croire que l'auteur de cette constitution avait eu le projet de rassembler tout ce qui pouvait la détruire. Les Polonais aimaient mieux élire un étranger qu'un des nobles du pays, croyant maintenir par-là l'égalité entre les gentilshommes, et pensant qu'un étranger n'aurait de prédilection pour personne. Il ne résultait qu'un peu plus de troubles de cette maxime, parce que les princes intriguaient pour avoir les suffrages, se faisaient un parti, et favorisaient ensuite ceux à qui ils devaient la couronne. Ce Gouvernement mixte, composé de monarchie et d'aristocratie, possédait un territoire immense, mais sans force intérieure, sans armée, sans forteresses. Le roi n'avait point assez de pouvoir pour mettre la Pologne dans un état respectable, et quand même il en aurait eu un moins limité, l'idée de laisser un trône à des étrangers devait nécessairement influer sur sa conduite. L'histoire de la Pologne démontre, à chaque interrègne, les avantages d'un Gouvernement héréditaire, en même tems qu'elle fait la critique de la forme élective. Portant dans son sein le germe de toutes les divisions, cet Etat ouvrit une voie de conquête aux puissances voisines. Son démembrement, prévu depuis long-tems, et uniquement dû à son gouvernement, n'a été retardé que parce que les souverains qui voulaient le partager étaient bien d'accord sur le principe de partage, mais non pas sur le mode d'exécution; il a été recommencé trois fois.

Par un premier traité, fait en 1772, l'Autriche recula ses frontières au-delà des monts Krapaks, et acquit une province; le roi de Prusse en eut une autre, qui lui donna les moyens de commercer sur la mer Baltique; la Lithuanie échut à la Russie; ce premier partage ôta à la Pologne cinq millions d'habitans. En 1793, le second partage réduisit encore beaucoup cette puissance.

Enfin, en 1795, par un dernier partage, on divisa tout le territoire, et la Pologne fut entièrement rayée du nombre des Gouvernemens de l'Europe; ceux qui, dans les évènemens politiques, cherchent, avec scrupule, un *droit* pour les motiver, en trouveront difficilement un autre que celui du plus fort: ce fut toujours le meilleur, et celui sans lequel tous les autres sont nuls.

La Pologne fut souvent en guerre avec ses voisins; la forme de son gouvernement suffit, sans le secours des faits historiques, pour montrer l'influence qu'elle a dû avoir, comme cause, dans l'examen que nous faisons; elle a subi le sort réservé aux Etats électifs, quand ils sont environnés d'Etats puissans. Le plus grand vice d'une constitution est de placer la force dans les mains de ceux qui doivent obéir.

La Hollande. — Selon *Grotius*, la Hollande était une république faite par hasard, qui se maintenait par la crainte qu'on avait des Espagnols. *Respublica casu facta, quam metus Hispanorum continet.* Elle n'était ni libre, ni assujétie, et présentait un Gouvernement composé de pièces mal liées, où le pouvoir du prince et la liberté du citoyen étaient également entravés. Ce pays fut enveloppé dans les troubles du premier Empire d'occident : puis il tomba sous la domination de Charlemagne et de ses descendans; ensuite il éprouva des révolutions intérieures. Les provinces dont il est formé furent tantôt séparées et indépendantes les unes des autres, tantôt elles ne composèrent qu'un Etat sous un chef, ou se divisèrent en duchés et en comtés. La France, qui avait eu jadis ces provinces sous son Empire, intervenait dans les querelles des princes qui se les disputaient. Un mariage donna ce pays à l'empereur *Maximilien*. Lorsque *Charles-Quint* monta sur le trône, une partie de la Hollande voulut être indépendante, mais elle fut bientôt obligée de rentrer dans l'obéissance. La cruelle sévérité de *Philippe II*, les persécutions religieuses, et le tribunal de l'inquisition qu'on voulait introduire en Hollande, firent succéder le désespoir à la crainte, et produisirent une énergie à laquelle on était loin de s'attendre. En 1560 protestans et catholiques se rassemblent et s'engagent à ne jamais souffrir l'inquisition. Ils députent à Madrid. *Philippe* dissimule, feint d'écouter les remontrances, prépare un armement formidable, et le met sous les ordres du farouche duc d'*Albe*, qui commence par des exécutions sanglantes. *Philippe de Nassau*, prince d'Orange, se retire en Allemagne, lève des troupes, est battu d'abord; puis son parti s'étant grossi d'un grand nombre de mécontens, il est déclaré général de la confédération par les Etats rassemblés. Rien d'important ne devait être fait sans son consentement, mais il ne pouvait faire la paix sans l'aveu des Etats. En 1571 sept provinces se détachèrent de la domination espagnole, et prirent le nom d'Etats-généraux. En 1581 *Philippe* fut solennellement déclaré déchu de la souveraineté de la Hollande qu'on donna au duc d'Alençon : elle fut offerte ensuite au prince d'Orange sous le titre de stathouder. Ayant été assassiné, on l'offrit à la reine *Elisabeth*, qui le refusa. Le jeune *Maurice de Nassau* réunit les suffrages, et se montra digne du choix dont il était l'objet.

Cette puissance, qui avait d'abord imploré les secours de la France et de l'Angleterre, s'accrut par le commerce, et bientôt prit une part active aux guerres que se faisaient les autres princes de l'Europe. Mais il s'écoula cependant un assez long espace de tems avant de jouir de la tranquillité intérieure : on en verra la raison en donnant une idée de son Gouvernement. Les sept provinces étaient indépendantes l'une de l'autre : aucune ne pouvait déclarer la guerre, faire la paix, ou contracter des alliances étrangères sans le concours des six autres. Chaque ville, en ayant son gouvernement particulier, dépendait du conseil de la province pour les intérêts communs. La souveraineté résidait dans les Etats-généraux, formés des députés de chaque province, qui se rassemblaient à La Haie : chaque Etat présidait à son tour. Le *grand-pensionnaire*, ayant le droit de faire les propositions et de discuter le pour et le contre, avait beaucoup d'influence. Les députés étaient souvent obligés d'aller demander de plus amples pouvoirs ; ce qui mettait dans les opérations une lenteur nuisible. Outre les Etats-Généraux, il y avait un conseil d'Etat composé de douze membres qui s'occupaient des affaires intérieures de l'administration des finances. Le stathouder veillait à l'exercice de la police; il avait exclusivement le droit de commander en chef les armées de terre et de mer. On l'a vu plus d'une fois lutter contre le grand pensionnaire, et ces deux autorités rivales pouvaient être une cause de dissensions.

Suisse. — Rien ne montre mieux l'influence de la position que l'existence politique de la Suisse; elle diffère de tous les autres Etats de l'Europe par sa constitution, par ses mœurs, par ses lois, qui sont uniquement le résultat de sa situation. Des rocs escarpés, des montagnes âpres et rudes, des glaciers, des torrens, des précipices, des défilés étroits environnent et défendent des vallées et des lacs. Le sol helvétique, qui demande un travail opiniâtre et fatigant, et dont la fertilité ne peut être qu'en raison de ce travail, fera toujours de la Suisse un objet de curiosité plutôt que de cupidité. Des glaciers éternels, et des zônes de neige qui ceignent les plus hautes montagnes et ne fondent jamais, privent la plus grande partie du terrain de la chaleur nécessaire aux productions; aussi n'y remarque-t-on en général que des pâturages. Pour sa conservation et sa tranquillité, elle ne devait pas songer à s'agrandir; il fallait cependant obvier aux inconvéniens de l'excès de la population. Afin d'y parvenir, elle employa seule ce qui ne pouvait convenir qu'à ce pays: ce fut de tirer de sa population même un moyen de subsistance et de richesse. Le genre de vie des Suisses accoutumés dès l'enfance aux intempéries des saisons, à des travaux rudes, à peu de besoins, à une grande sobriété, les rendait propres à soutenir les fatigues de la guerre. La nature, en les faisant lutter sans cesse contre le sol, le climat, les créa soldats. La nation helvétique engagea successivement des troupes à la France, à l'Empereur, aux papes, aux ducs de Savoie, à tous les princes de l'Italie. Elle en fournit aux puissances ennemies les unes des autres. Plus il y eut de guerres, plus la Suisse fut riche. Si elle conjectura que les peuples ne pouvaient vivre en paix, on est obligé de convenir qu'il n'y eut point d'erreur dans son calcul. Elle devint donc militaire, et contribua souvent au gain des batailles. L'esprit humain, dans ses institutions, semble réunir quelquefois les contraires. N'est-il pas bizarre de voir l'Helvétien, de tous les peuples de l'Europe, celui qui aime le plus le sol sur lequel il est né, abandonner son pays, tout en conservant le souvenir des impressions qu'il y reçut, et participer au fléau de la guerre dont sa patrie était exempte? Les Suisses firent de bonnes troupes, et dans les autres armées surent conserver leur caractère, leurs mœurs et leurs usages.

Dans le sixième siècle, les Bourguignons et les Suèves ayant envahi l'Helvétie et se l'étant partagée, les Français les en chassèrent, et ce pays devint une province française. Ensuite une partie fut soumise à l'Empire germanique, l'autre se gouverna par elle-même. Les gouverneurs envoyés par *Albert Ier* ayant commis des actes de cruauté, les cantons de *Schwitz*, d'*Uri* et d'*Underval* se révoltèrent en 1307.

Les autres suivirent cet exemple, et le dernier accéda à la confédération en 1513. La république se divisa en treize cantons indépendans les uns des autres, mais unis par leur défense mutuelle. Elle fut reconnue de l'Europe en 1648, au traité de Westphalie.

Influence des Suisses. — L'influence des Suisses se fit remarquer plus d'une fois, mais ce n'était que dans les guerres. Leur pays ne fut point, comme ceux de l'Italie, un sujet de querelle; il ne tenta personne et jouit de la paix, tout en faisant la guerre. Mais il est probable que, dans leurs projets, les souverains comptèrent sur son appui, et que, si dans un coin de l'Europe il n'y eut pas eu de bonnes troupes à solder, on n'eût pas pris les armes.

Nous ne parlerons pas de Genève, dont *Paul Ier* a si bien peint l'agitation, en disant que c'était une tempête dans un verre d'eau. Nous allons passer aux monarchies : les Etats que nous venons de parcourir sont considérés comme cause, voyons ceux dans lesquels une ou plusieurs des causes indiquées se développèrent.

CHAPITRE V.

DES GOUVERNEMENS DU NORD.

Commençons par les Gouvernemens qui, dans les siècles passés, ont eu le moins de relations politiques avec la France : ce sont le Danemarck, la Suède et la Russie. Leur position ne leur permit d'avoir que des rapports indirects avec les Etats méridionaux : leurs principaux débats furent entre eux ou avec la Pologne, la Turquie, l'Allemagne et l'Angleterre.

Danemarck. — La Suède, le Danemarck, la Norwège formèrent jadis autant d'Etats séparés gouvernés par des princes particuliers. Les historiens des deux premiers, et ceux particulièrement de la Suède, font remonter les Annales de ces peuples à des siècles avant l'ère chrétienne. Ce qui n'empêche pas qu'on ignore ce qui s'est passé dans le nord de l'Europe long-tems après cette époque. Toutes les nations sont comme les familles qui veulent toujours se perdre dans la nuit des tems, et la vanité est de tous les pays. On prétend que le Danemarck fut habité par les Cimbres, qui s'étant multipliés sur ce sol ingrat et glacé, vinrent, au nombre de plus de deux cent mille, jusqu'en Italie, se faire battre par les maîtres du monde. Dans les dix premiers siècles modernes, les Danois firent des incursions en Angleterre, en Ecosse, en France. Le Danemarck n'entra guère dans le système politique de l'Europe que vers la fin du quinzième siècle. La célèbre *Marguerite de Waldemar;* héritière de la couronne, y ajouta celle de Norwége en épousant *Aquin*, roi de ce pays. Par son courage et son adresse, cette princesse se fit élire reine de Suède, et par le traité de Calmar, fait en 1397, les trois couronnes n'en formèrent qu'une, et les trois nations ennemies ou rivales s'engagèrent à reconnaître le même souverain.

Les dispositions de l'*union de Calmar*, dictées par la plus sévère équité, devraient être une leçon frappante pour ceux qui veulent que l'on adapte à la politique les mêmes principes que l'on suit dans le cours ordinaire de la vie. Ces dispositions prouvent, d'une manière évidente, qu'on ne doit pas toujours suivre ce qui est juste : on en va juger par les trois principales conditions du traité. Par la première, on convint que les trois Etats n'auraient à l'avenir qu'un seul roi, choisi alternativement par l'un de ces Etats, et confirmé dans une assemblée générale. Par la seconde, le monarque est obligé de partager également sa résidence entre les trois royaumes, et les finances de l'un ne doivent point passer à l'autre. La troisième, enfin, assure à chaque royaume le maintien de ses lois et de ses coutumes, la conservation de son Sénat, et ordonne que les sujets de l'un ne pourront jamais être élevés dans l'autre à aucune dignité.

Certes rien n'était plus équitable qu'une pareille convention : elle présentait cependant un triple sujet d'inépuisables discordes. Le premier vice était le gouvernement électif qui, ainsi qu'on l'a pu voir à l'article de la Pologne, fait naître, à chaque élection, les intrigues et les troubles : ensuite chacun des deux Etats conservait une sorte d'indépendance et des prétentions. L'autorité royale était limitée : il n'y avait et ne pouvait y avoir d'unité ni de centre : comment imaginer trois peuples gouvernés par le même prince, et conservant cependant chacun son sénat, et des lois particulières? Enfin quels étaient les revenus de l'Etat, puisque chaque royaume administrait les siens?

Les trois couronnes furent portées par un seul roi électif jusqu'en 1523, que les Suédois élurent le célèbre *Gustave-Wasa.* Depuis cette époque le Danemarck et la Norwége continuent d'être réunis en un seul royaume, tandis que la Suède a formé un Etat indépendant sur lequel plusieurs rois ont répandu de l'éclat.

L'époque de la séparation de la Suède, du Danemarck a été celle d'une longue guerre entre ces deux Etats.

Christiern Ier fut élu roi de Danemarck en 1448; il était de la maison d'Oldenbourg, qui occupe encore aujourd'hui le trône. Le burin de l'histoire a transmis les exécrables cruautés de *Christiern II*, qu'on a nommé le *Néron du Nord.* Les exécutions qu'il ordonna ou qu'il fit faire sous ses yeux sont innombrables; elles causèrent un soulèvement général : on le força d'abdiquer; il y consentit : les princes cruels sont toujours lâches. Il mourut dans un cachot où il passa les vingt-sept dernières années de sa vie.

Frédéric III, par son courage et sa présence d'esprit, et avec le secours des bourgeois de Copenhague, sauva cette capitale assiégée par les Suédois.

L'offre de l'hérédité de la couronne fut sa récompense. Le trône est donc devenu héréditaire en 1660, et l'on a remarqué que le Danemarck n'avait jamais été aussi heureux que depuis qu'il était gouverné par des princes revêtus d'un pouvoir absolu.

Cet Etat est composé de plusieurs îles dans la mer Baltique, d'une presqu'île qui tient à l'Allemagne, du royaume de Norwège et de l'Islande. La capitale est dans une île sur les bords du Sund, détroit fameux, par lequel il passe et repasse par an, de l'Océan à la Baltique, cinq à six mille vaisseaux, moyennant un droit qui est un des principaux revenus du souverain.

Il n'y a eu de guerres importantes, en Danemarck, que contre la Suède, l'Allemagne et l'Angleterre : la situation de ce pays lui donnait peu de contact avec les autres puissances.

Le roi de Danemarck, pendant que tous ses voisins se coalisaient contre nous, a gardé la neutralité.

Suède. — *Gustave Wasa*, caché dans les mines de la Dalécarlie, pour éviter les cruautés de *Christien II*, roi de Danemarck, sort de sa retraite à la tête des Dalécarliens, chasse les Danois : les Suédois lui donnent la couronne en 1523, et la déclarent héréditaire en 1544. *Gustave* est le fondateur de la monarchie suédoise, qui commence à jouer, sous ce prince, un rôle important. En 1680, il fut décidé que les femmes hériteraient du trône à défaut d'enfans mâles. *Christine*, célèbre par son abdication, avait régné quoique cette loi n'existât pas.

Le Gouvernement suédois était faible, parce que le pouvoir des Etats entravait l'autorité royale. *Charles XI*, en 1682, se fait donner le pouvoir absolu : mais le despotisme de son fils, le fameux *Charles XII*, fit qu'après sa mort le sénat altéra la constitution et s'adjugea une partie de l'autorité royale. Les sénateurs étaient au nombre de seize; ils pouvaient prendre des décisions sans le roi, qui ne devait rien faire sans eux. *Gustave III*, par la singulière révolution de 1772, faite sans commotions, et en peu d'heures, rétablit l'autorité royale. Assassiné en 1792, ce prince est remplacé par *Gustave IV*, son fils, né en 1768, et qui a été détrôné en 1808.

La famille de *Holstein* donne des souverains au Danemarck, à la Suède et à la Russie.

La Russie, la Pologne, le Danemarck, l'Autriche, la Turquie et la Prussse sont les ennemis qu'à différentes époques la Suède a eu à combattre. Elle a presque toujours été alliée des Français.

Russie. — Située au nord-est de l'Europe, la Russie occupe, dans cette partie du monde, une étendue de terrain de six cents lieues, et elle s'avance en Asie jusqu'à quinze cents lieues. On estime cette étendue à la quatrième partie de la circonférence du globe. Au nord et au nord-est, elle est inattaquable; à l'orient, elle est séparée de la Perse par la mer Caspienne et par des déserts.

On ne voit, dans la Russie, jusque vers le milieu du quinzième siècle, qu'un grand nombre de nations sauvages qui combattaient les unes contre les autres, et se détruisaient mutuellement.

Les deux *Iwan* secouèrent le joug des Tartares (pendant le quinzième siècle) et reculèrent les bornes de l'empire, ainsi qu'*Alexis Romanow*, père de *Pierre-le-Grand*. Ce prince tourna ses regards vers l'Europe, la patrie des arts. Les vastes possessions de l'Asie soumises à son empire ne lui offraient que des déserts ou des hordes barbares : il fallait donc se rapprocher de cette Europe, centre de la civilisation. Les provinces maritimes de la Baltique facilitaient les communications avec cette partie du monde. Par leur acquisition, l'empire russe se trouvait au nombre des souverains de l'Europe : elles sont enlevées aussitôt à la Suède. Une ville immense sort des marais : elle devient la capitale de l'empire : *Pierre* la peuple d'artistes qu'il va lui-même chercher en Europe; il produit en peu d'années ce qu'ailleurs on n'a vu qu'après plusieurs siècles. Il prit le titre d'empereur en 1721.

Ce prince a jeté sur la Russie un tel lustre qu'on a négligé de s'instruire de l'histoire des Russes avant l'époque où il parut. C'est de cette époque en effet que datent les rapports de ce vaste pays avec l'Europe; cependant les Russes faisaient le commerce par Archangel dès 1553 : les Anglais découvrirent cette ville en cherchant un passage aux Indes par la mer du Nord. Alors commença le commerce maritime de la Russie avec les nations européennes qui visitèrent ce port; mais depuis la construction de Pétersbourg, Archangel n'est plus aussi commerçante.

On doit regarder *Pierre-le-Grand* comme le véritable fondateur de l'empire russe, qui n'a fait que s'accroître dans le dernier siècle, principalement sous le règne de *Catherine II*. Cette princesse l'a placé au rang des premières puissances de l'Europe.

La Russie a eu plusieurs guerres avec ses voisins. Celle avec la Suède a duré vingt ans. Elle a pris quatre fois les armes contre les Turcs; en 1711; en 1735, année où elle envahit la Crimée; en 1768, où l'indépendance de ce pays fut reconnue, ainsi que la liberté du commerce, dans les mers ottomanes; enfin, en 1780, que *Catherine*, alliée de *Joseph II*, acquit la Crimée. A cette dernière époque, la Russie eut à combattre les Turcs et les Suédois. En 1757, elle se mesura avec les Prussiens. Toutes ces guerres furent utiles ou glorieuses, et l'on ne tarda point à reconnaître que les soldats russes, si nouvellement arrivés en Europe, étaient dignes de figurer avec les meilleures troupes.

Paul Ier a été d'abord ennemi de la France; mais lorsqu'il vit l'ordre rétabli, l'enthousiasme de la gloire le rendit notre allié.

Les cinq mers qui environnent la Russie lui donnent des moyens de commerce immenses. Par la mer Caspienne, elle communique avec la Perse; par Azow et la mer Noire, elle peut naviguer dans les mers du Levant et de la Méditerranée; par la mer de Kamstchatka, ses vaisseaux peuvent voguer d'un côté vers l'Amérique, et de l'autre sur les côtes du Japon et de la Chine, dans les archipels de l'Asie et dans les Indes; enfin, la mer Blanche et la mer Baltique font écouler ses productions dans l'Europe.

CHAPITRE VI.

DE L'ALLEMAGNE ET DE LA PRUSSE.

L'ANARCHIE, les variations, les démembremens qu'a éprouvés l'Empire d'Allemagne, la singularité de son gouvernement tout à la fois héréditaire et électif, le nombre et les prétentions de plusieurs maisons souveraines qui, ayant une portion d'autorité, formaient une véritable confédération, rendent l'histoire de ce pays obscure et embrouillée. Cet Empire était formé de parties rarement liées entre elles, et souvent en état de guerre les unes contre les autres.

L'explication de beaucoup d'évènemens importans tient à la connaissance de la constitution germanique. Tâchons de dissiper l'obscurité dont elle est enveloppée; voyons ce qu'elle fut pour découvrir ce qu'elle occasionna. L'Allemagne n'était pas un État gouverné par un seul souverain qui disposât à son gré de toutes les forces de l'Empire, et dont la volonté dût servir de règle aux membres de cet Empire. La puissance et l'autorité du souverain n'y étaient pas limitées non plus, comme dans quelques autres États de l'Europe où les rois ne pouvaient exercer certains actes sans le consentement d'un sénat ou d'une assemblée. Mais la forme du gouvernement germanique était toute particulière et différente de celle des autres gouvernemens. Le chef de l'Empire portait le titre de roi des Romains : ce qui, dans l'origine, ne désignait autre chose que la souveraineté de la ville de Rome et la protection que l'Empereur accordait à l'Église. *Othon Ier* attacha à l'Empire cette dignité, que les papes réduisirent à un vain titre. Les membres de l'Empire qui possédaient de grandes provinces, avaient une telle autorité sur leurs sujets, que, quoiqu'ils fussent liés à l'Empereur en qualité de vassaux, ils pouvaient faire des lois et des réglemens, contracter alliance entre eux ou avec des étrangers, avoir des troupes, bâtir des forteresses, etc. On en a vu plusieurs s'allier avec les ennemis de l'Empereur. On doit sentir déjà le vice d'un pareil gouvernement.

A l'exception de quelques articles contenus dans la bulle d'or sur la dignité électorale, l'autorité des États était plutôt fondée sur la coutume et la tradition que sur des priviléges accordés formellement par des constitutions. Cette autorité n'en fut pas moins réelle jusqu'au traité de Westphalie, qui la rendit incontestable.

Un des grands défauts de ce gouvernement était sa forme irrégulière. Ce n'était ni une monarchie, ni un corps composé de plusieurs alliés. Il participait de l'un et de l'autre, puisque l'Empereur n'avait rien moins qu'une souveraineté absolue sur l'Allemagne en général, ni chacun des États de l'Empire sur ses propres terres. Les obstacles à l'union de ces États naissaient de leur grand nombre et de la différence des religions. Il était difficile que quelques-uns des princes résistassent toujours aux séductions; que d'autres, soit par entêtement, soit par indifférence, préférassent toujours l'intérêt de tous au leur;

de plus, le pouvoir et l'autorité n'étant point également répartis, les plus puissans voulaient régner en souverains; il devait être indifférent aux plus faibles d'être opprimés par ceux-là ou par l'Empereur.

On peut dire que ce gouvernement offrait un mélange des trois autres. Il était monarchique dans la personne de l'Empereur, chef de l'Empire; aristocratique dans les électeurs et les princes; enfin démocratique dans les villes impériales ou immédiates. Le pouvoir impérial avait des bornes et des restrictions qui rendaient celui qui en était revêtu, chef et non maître de l'Empire, puisque la moitié de la souveraineté appartenait aux électeurs, aux princes, aux États. On distinguait ces États en trois classes : 1° le collége des électeurs; 2° celui des princes de l'Empire; 3° celui des villes impériales : distinction établie dans la diète de Francfort, en 1580. Le collége électoral, dirigé par l'électeur de Mayence, était composé de neuf électeurs, dont sept possédaient, avec cette qualité, celle de prince de l'Empire. Comme électeurs, eux seuls avaient le droit d'élire l'Empereur et le roi des Romains. Ils précédaient les autres princes.

L'Empire, composé d'un chef et de plusieurs États, recevait des lois générales de la diète qui, depuis 1603, siégeait à Ratisbonne. Quatre autorités différentes composaient cette diète : l'Empereur et les trois colléges; c'est de leur concours que se formait le pouvoir législatif de l'Empire. Les électeurs nommaient l'Empereur à la pluralité des suffrages; ils avaient la précaution de lui faire signer par un acte plusieurs conditions auxquelles il reconvait la couronne, et dont, une fois élu, il pouvait refuser impunément l'exécution. Cette élection lui donnait de grands titres sans revenus et très-peu de pouvoir, ce qui, pour l'intérêt de la confédération, forçait de choisir un prince puissant et riche; mais on eut plus d'une fois la crainte de s'en voir asservi. On pouvait élire un successeur du vivant de l'Empereur; il portait le titre de roi des Romains.

Il n'y avait que sept électeurs dans l'origine: ils furent reconnus en 1356 par la bulle d'or, ainsi nommée parce qu'elle était revêtue d'un sceau d'or. En 1648, on créa l'électeur de Bavière, et celui de Hanovre en 1692. Les traités de Munster et de Westphalie ont porté le nombre des électeurs à dix. En 1803, on abolit les deux électorats ecclésiastiques (Trèves et Cologne), et l'on créa plusieurs électorats laïcs.

L'empereur *Maximilien* ayant, en 1512, divisé l'Allemagne en dix cercles, il en résulta, dans la constitution de l'Empire, une combinaison différente de celle qui avait eu lieu jusque-là. Les cercles devinrent de petites républiques, ayant leurs états, leurs lois, leurs troupes, leur religion, leurs usages et leurs intérêts particuliers. Les électeurs prétendaient que l'empereur ne pouvait, sans leur avis, arrêter la paix ou la guerre.

Le second collége, celui des princes, avait cent trente-un votes. Le troisième était celui des villes impériales, réduites nouvellement à cinq. C'étaient Lubeck, Nuremberg, Francfort, Brême et Hambourg. Elles devaient garder une neutralité absolue dans les guerres de l'Empire. En 1495, à la diète de Worms, la chambre impériale fut créée, et le conseil aulique le fut en 1501. La première était une cour suprême qui jugeait en dernier ressort toutes les causes des princes entre eux : le second, favorisé de l'empereur, devint l'égal de la chambre impériale, et même eut ensuite de plus belles attributions.

On voit qu'un Gouvernement, composé de tant de rouages, a dû se former avec lenteur; que les modifications ou additions qui y ont été faites, à des intervalles inégaux, furent l'effet des circonstances, et que toutes les parties n'étaient pas et ne pouvaient pas être coordonnées ensemble et dirigées vers un même but. Cette incohérence explique en partie pourquoi l'empire d'Allemagne, qui présente une puissance réelle imposante, ne l'a pas étendue au point de parvenir à la monarchie universelle, but auquel on prétend que la maison d'Autriche a tendu dans le seizième siècle. Il semble étonnant que les princes de cette maison aient été pendant si long-tems l'objet du choix des électeurs. On a fait, à ce sujet, cette réflexion : une nation, qui peut se donner un roi, ne doit pas élire un chef possesseur d'un Etat héréditaire fort considérable; ou il négligera les intérêts du royaume électif, ou il les fera servir à l'avantage de son État héréditaire, et emploiera la force de l'un pour rendre l'autre plus puissant; ou bien il cherchera les moyens de réduire entiérement l'État électif et de l'annexer à son royaume héréditaire. Ce danger paraît avoir été senti, dans les commencemens, par les électeurs; mais la prise de Constantinople par les Turcs, leur fit craindre un danger bien plus grand : ce fut l'invasion de ce nouvel ennemi. Alors il fallut choisir un empereur riche et puissant. La maison d'Autriche, dont les possessions étaient voisines des Ottomans, eut un double intérêt de veiller à la sûreté de l'Empire. Elle réunit les choix, et, par une destinée bizarre, elle dut son élévation et sa puissance au grand Turc contre lequel elle devait être toujours en guerre.

Un coup-d'œil rapide sur l'histoire d'Allemagne, nous fournira des faits à l'appui des conjectures que nous avons faites, et les changera peut-être en réalités. Le second Empire d'occident doit avoir, pour les peuples européens, un grand intérêt, et particulièrement pour nous, puisqu'il fut formé par un prince qui régnait sur la France. Cet Empire embrassait la plus grande partie des Etats de l'Europe.

Le premier Empire d'occident finit en 475 dans la personne d'*Augustule*, dernier empereur romain. Dans les trois siècles qui suivirent cette époque, l'Italie fut en proie à une anarchie complète. *Charlemagne*, dont le génie était vaste et les conceptions grandes, voulant renouveler l'Empire, se fit couronner à Rome en 800. Il convint avec *Nicéphore*, empereur d'orient, que l'Etat de Venise servirait de limites aux deux Etats. *Charles* laissa Rome indépendante. Ce fut une des causes de la chute de l'Empire presqu'aussitôt détruit que formé. Le souvenir de la gloire de Rome était encore récent. La reconnaître indépendante, était une faute. Une autre puissance en profita, et sut rendre Rome dominante. La faiblesse des successeurs de *Charlemagne*, et principalement le partage qu'ils firent de ses Etats, causèrent la ruine de l'Empire d'occident qui n'exista pas un demi-siècle. Il fut divisé en 840, et de ses débris on vit se former plusieurs Etats dont l'un retint le titre d'Empire. C'est celui d'Allemagne. Les Français le conservèrent jusqu'en 912, que *Louis III*, dernier prince de la maison de *Charles*, mourut sans enfant mâle. *Conrad*, son gendre, comte de Franconie, lui succéda. A cette époque, l'Empire, d'héréditaire qu'il était, devint électif, présage de décadence. Les princes, les seigneurs et les députés des villes choisissaient l'empereur. Cet usage dura jusqu'à la fin du treizième siècle : alors le nombre des électeurs fut fixé.

L'espace compris entre le démembrement de l'empire de *Charlemagne* et l'élection de *Rodolphe de Hapsbourg*, est de trois siècles, que les historiens divisent par périodes, qui reçoivent leur nom de la maison régnante. La première est celle de la maison *de Saxe*, commencée en 919 et finie en 1024. Il y eut cinq empereurs. Leur puissance était absolue. Faire des rois, confirmer ou annuler les élections des papes, disposer des fiefs, jouir de tous les revenus de l'Empire, conquérir l'Italie et la gouverner, telle est l'idée qu'on peut se former de cette période brillante, pendant laquelle le titre que portaient les empereurs, appuyé d'une autorité souveraine, ne fut pas un vain titre. Remarquons que ces princes avaient à redouter des vassaux puissans. Ils prirent, pour diminuer leur influence, un moyen qui réussit souvent au moment où on l'emploie, mais qui finit toujours par être dangereux, et par devenir un remède pire que le mal. Ce fut d'opposer à ces vassaux d'autres seigneurs puissans. C'est, d'après ces motifs, que les princes de la maison *de Saxe* enrichirent le clergé.

De 1024 à 1137, le trône est occupé par la maison *de Franconie*, qui donne cinq empereurs à l'Allemagne. On voit, dans cette période, plusieurs Etats de l'Empire se déclarer indépendans, les papes commencer à secouer le joug et le clergé s'unir aux vassaux contre l'empereur. Ce prince ne conserve bientôt plus que des droits sans pouvoir, et l'autorité va en déclinant.

Les princes de la maison *de Souabe* succèdent à celle *de Franconie*, et règnent, au nombre de six, de 1137 à 1250. L'Italie échappe entièrement à la domination impériale. La principale cause en est dans la conquête de Naples, impolitiquement faite, puisque l'empereur avait des ennemis et le pape entre cet Etat et les siens. Le nombre des princes indépendans augmente; enfin l'autorité impériale devient tout-à-fait nulle. Cette période est suivie d'un interrègne et d'une horrible anarchie. Les princes, divisés d'intérêts, et jaloux d'un pouvoir qu'ils avaient envahi, élisent à-la-fois plusieurs empereurs. Enfin, en 1273, tous les vœux se réunissent sur *Rodolphe*, qui changea le nom de *Hapsbourg* pour celui d'*Autriche*, pays qu'il reprit au roi de Bohème. Cet héritage d'Autriche était composé des duchés d'Autriche, de Styrie, de Carniole et de Carinthie. *Rodolphe* était tellement puissant à sa mort, que les électeurs craignant les résultats dont nous avons parlé, élurent *Adolphe de Nassau;* mais *Albert*, fils de *Rodolphe*, lui enleva la couronne et la vie. Après ce prince, la puissance de la maison d'Autriche effraya de nouveau les électeurs qui donnèrent le trône à un comte *de Luxembourg*. On vit ensuite deux empereurs, dont l'un était élu par les partisans de l'Autriche. Enfin le sceptre rentra dans cette maison en 1438.

Sous le long règne de *Frédéric III*, qui occupa le trône pendant cinquante-trois ans, les Turcs s'emparèrent, en 1453, de Constantinople, et y établirent l'empire ottoman : évènement qui devait, par la suite, avoir une influence majeure sur l'Allemagne. L'Autriche, qui venait d'occuper les trônes de Bohème et de Hongrie, présentait un boulevart contre les inondations des Turcs. On fortifia ce boulevart en fixant la dignité impériale dans cette maison, dont les électeurs n'avaient plus rien à craindre à cause de ce nouvel ennemi. Les couronnes de Bohème et de Hongrie furent reconnues héréditaires dans la maison d'Autriche, la première en 1618, et la seconde en 1687.

Le règne de *Maximilien Ier* offre une suite de guerres suspendues et reprises. On cessa de se battre par esprit de chevalerie, pour un démenti, pour une injure reçue; les guerres eurent une cause plus grave, sans en être ni moins fréquentes, ni moins longues. L'intérêt de l'Etat en était le prétexte, et l'ambition le véritable motif.

Ce n'est que sous *Maximilien* que l'on commença de soupçonner que l'intérêt de l'Etat et celui des particuliers demandaient des règles différentes. La science à laquelle on a donné le nom de politique devint alors plus générale ; elle n'avait été jusque-là connue que des papes qui, n'ayant point d'armée, remplacèrent la force par la ruse et l'adresse.

Il en a été des principes dans la conduite des gouvernemens comme des armes dans l'art militaire. Dès que la poudre à canon fut en usage dans un Etat, tous les autres se virent obligés de l'adopter sous peine d'être toujours battus. Quand on a vu s'établir un système qui rendait incertain les droits les plus réels, donnait de la force aux prétentions les plus ridicules, et d'après lequel les traités furent éludés ou rompus, les promesses violées et les engagemens trahis, on a été forcé d'adopter la même doctrine pour combattre à armes égales.

C'est *Maximilien*, et sur-tout *Charles-Quint*, qui les premiers firent usage de ce système. Les cabinets de Vienne et de Madrid eurent dès-lors cette politique qu'on leur a reprochée, qui leur donna tant d'avantages sur les autres puissances, et qui, raffinée depuis à Londres, est devenue chez les Anglais un art dont ils font leur principale étude. Si *François Ier* eût employé les moyens de son rival dans la lutte sanglante qu'ils eurent entr'eux, il aurait eu plus de bonheur, mais moins de gloire : il n'aurait pas pu écrire à sa mère : *Tout est perdu fors l'honneur;* et sa mémoire serait moins chère qu'elle ne l'est. Néanmoins ce prince loyal et malheureux se vit dans l'obligation de suivre l'exemple de *Charles* qui l'avait rançonné comme un corsaire, et de manquer au désastreux traité de Madrid.

Sous le règne de *Charles-Quint* il y eut, dans la religion, des changemens qui causèrent des guerres sanglantes dans l'Europe. Plusieurs princes de l'Empire, ayant embrassé le luthéranisme, protestèrent contre un édit de la diète de Spire en 1529, et cet acte fit donner aux partisans de la religion réformée le nom qu'ils portent encore. *Rodolphe* et *Mathias* eurent la sagesse de permettre le libre exercice des deux cultes. C'était le seul moyen d'empêcher les querelles. Mais, comme tous les seigneurs ne l'employèrent pas, leur sévérité fit naître quelques troubles. Ce fut une étincelle qui produisit un incendie. La fameuse guerre de trente ans est due à ces troubles. Jamais guerre aussi longue n'eut une cause aussi légère. Des ecclésiastiques de la Bohême ayant fait abattre quelques temples, les seigneurs assemblent les Etats, et l'on présente des plaintes aux commissaires royaux, qui y répondent avec courage. Le zèle religieux passe presque toujours les bornes. Dans l'excès de leur indignation, ceux qui croyaient qu'on leur faisait un refus de justice, précipitent les commissaires par la fenêtre. La révolte devient générale; une partie de l'Autriche, la Lusace, la Moravie, la Silésie, la Hongrie prennent les armes. La nation bohémienne dépose solennellement *Ferdinand*, et nomme à sa place l'électeur palatin *Frédéric*, chef des protestans et gendre du roi d'Angleterre. Mais ce prince ayant perdu la bataille de Prague, n'eut qu'un vain titre sans couronne.

Ferdinand, heureux par le succès de ses alliés et par les siens, n'eut pas le bon esprit de tolérer les deux religions pour lesquelles on se battait. Il persécute le protestantisme, fait couler des torrens de sang, se mêle des discussions élevées entre plusieurs familles souveraines, et prononce, sans en avoir le droit, des jugemens arbitraires et despotiques. Il veut faire rendre aux catholiques tous les biens sécularisés précédemment. Alors, le roi de Danemarck prend les armes, soutenu par la Saxe, secouru par la Hollande et l'Angleterre : mais il est battu, et bientôt obligé de se soumettre. La puissance de *Ferdinand* semble n'avoir plus de borne ; l'Espagne, redoutable alors, faisait cause commune avec l'Autriche. Le parti protestant semblait écrasé, et la fédération germanique détruite. L'Europe trembla. Le cardinal *de Richelieu* et *Gustave-Adolphe* virent le danger : la France et la Suède s'unirent. *Richelieu* établissait, dans sa patrie, la monarchie absolue, et achevait de détruire le système féodal qui entrave toujours l'autorité : suivre, pour l'Allemagne, une marche opposée, c'était abaisser la puissance de l'empereur. *Gustave* pénètre en Allemagne, et vole de victoire en victoire. Les troupes protestantes se joignent à ce héros. En moins de trois mois, *Ferdinand* voit toutes ses provinces envahies et ses armées battues.

Gustave est tué dans une bataille : cet évènement, qui semblait avantageux à l'empereur, ne change rien à l'état des choses, parce que d'habiles généraux s'étaient formés à l'école du guerrier suédois. Pendant quatre ans, les succès augmentent ;

mais le gain d'une bataille rendit à *Ferdinand* l'espoir et les alliés qu'il avait perdus. La France n'avait encore fourni que de l'argent à la Suède; elle envoie des troupes; la guerre se continue et désole l'Allemagne, qui ne présente plus qu'un sol inculte et des villes ruinées. L'empereur, pressé d'un côté et menacé de l'autre par les Turcs, est réduit à la paix. Elle est signée au traité de Westphalie, dans lequel la France et la Suède donnèrent des lois à l'Allemagne, ôtèrent à la maison d'Autriche les deux Lusaces et l'Alsace, et rétablirent les princes de l'Empire dans leurs droits; ce qui ne pouvait se faire qu'aux dépens de la puissance impériale, dont l'abaissement était l'objet des vœux de la France.

En rendant aux princes l'autorité que leur avaient enlevée les empereurs, *Richelieu* porta le premier coup à la maison d'Autriche; il savait que partager l'autorité c'était l'affaiblir. On peut remarquer, d'après l'histoire, que la maison d'Autriche a, plus d'une fois, ou réparé ses pertes, ou agrandi sa puissance, par un de ces mariages inattendus, qui se font entre souverains pour le bonheur des peuples.

Sous *Léopold*, successeur de *Ferdinand III*, les Hongrois se révoltent et appellent à leur secours les Musulmans, contre lesquels ils devaient défendre l'Europe. Trois cent mille Turcs assiégent Vienne, qui ne fut sauvée que par la valeur de *Sobieski*. *Joseph I*er conquit une partie de l'Italie, monta sur le trône quelques années après le commencement de la guerre de la succession d'Espagne. L'immense héritage que devait laisser le dernier roi qui n'avait pas d'enfans, appartenait au dauphin, fils de *Louis XIV* et de *Marie Thérèse*. *Louis XIV*, qui sentait que cet héritage serait disputé, proposa un partage aux autres puissances; on l'accepte, mais le roi d'Espagne, indigné, prend des dispositions pour éloigner la maison de France; il se choisit un successeur, et nomme le prince électoral de Bavière pour son héritier. Ce prince meurt, et *Charles II*, après avoir hésité pendant long-tems, fixe son choix sur le duc d'Anjou, second fils de *Louis XIV*. Tous les rois de l'Europe, excepté *Léopold*, approuvent cette disposition. Les réclamations de l'Empereur ne sont point d'abord écoutées; mais *Louis* s'étant brouillé avec la Hollande et l'Angleterre, ces deux puissances soutiennent *Léopold*; toutes les autres suivent cet exemple, et reconnaissent pour roi d'Espagne l'archiduc *Charles*, fils de l'Empereur. Alors commencent les revers de *Louis*, toujours victorieux jusqu'à cette époque, quoiqu'il eut été l'agresseur, et battu quand il a pour lui le bon droit. Un événement inattendu le sauva. *Joseph*, empereur d'Allemagne, meurt et laisse la couronne à l'archiduc, sur la tête duquel on voulait déjà mettre celle de l'Espagne; la réunion des deux, en le rendant trop puissant, rappelait d'anciens dangers : les alliés font la paix au traité d'Utrecht. *Charles* refusa d'abord d'accepter les conditions; il voulut lutter tout seul contre *Louis XIV*, mais il fut bientôt obligé de céder, et de se contenter du trône impérial, sur lequel il n'avait jamais compté. Ce prince soutint ensuite des guerres contre les Turcs et contre la France. Comme il n'avait que des filles, il prit toutes les précautions possibles pour assurer l'ordre de sa succession. Faire approuver et ratifier ses dispositions par tous les rois lui parut le meilleur moyen; il avait oublié, sans doute, que lui-même disputa le testament fait par *Charles II*, roi d'Espagne. L'exemple qu'il avait donné ne lui servit point de leçon. Ce qui arriva à sa mort fournit une nouvelle preuve de notre opinion sur la valeur des droits; nous en aurons encore plus d'une de ce genre. Tous les souverains ratifient le testament fameux de *Charles*, connu sous le nom de *pragmatique-sanction*. Ce prince assurait à *Marie-Thérèse* la jouissance de tous ses Etats. A peine a-t-il fermé les yeux, que l'électeur de Bavière, celui de Saxe, le roi d'Espagne et le duc de Savoie, qui tous avaient reconnu le testament, réclament chacun une portion de l'héritage; pendant qu'on discutait, le roi de Prusse, au lieu de négocier, entre à main armée dans la Silésie, et ajoute au droit qu'il avait sur cette province, le droit de conquête, qui valait mieux, et qui rendit l'autre incontestable. La guerre devient générale; la France protège le duc de Bavière, et parvient à le faire reconnaître empereur, sous le nom de *Charles VII*; mais de grands revers suivent ces succès, et ce prince perdit bientôt un trône sur lequel la célèbre *Marie-Thérèse* se plaça; elle lutta ensuite, pendant sept ans, contre le roi de Prusse, pour la Silésie. La France eut l'impolitique de prendre le parti de la maison d'Autriche, et de cette même *Marie-Thérèse* contre laquelle elle venait de se battre. *Frédéric* eut toute la gloire de cette guerre.

A *Marie-Thérèse* succèdent *Joseph II*, dont le règne fut agité, et qui mécontenta ses sujets par des réformes, quelqu'utiles qu'elles fussent; *Léopold II*, qui passa de Florence, où il s'était fait aimer, à Vienne, où il mourut bientôt; enfin, *François II*, fils de *Léopold*. Ce prince, ayant fait partie des coalitions contre la France, a vu ses provinces conquises, sa puissance diminuée, sa capitale envahie plusieurs fois, enfin, une partie de ses Etats démembrée.

On a vu que le vice de la constitution germanique devait avoir sur l'Empire une grande influence; voyons celle qu'eurent les papes. Dans aucun des Etats de l'Europe ils ne causèrent autant d'agitations qu'en Allemagne. Dans le onzième siècle, le fameux *Grégoire VII* excommunia *Henri IV*, et les soumissions lâches auxquelles il força cet empereur indignèrent les princes qui élurent, en 1077, *Rodolphe*, duc de Souabe; ainsi, il y eut deux empereurs, et la guerre à cause d'une excommunication. *Paschal II* employa la même arme contre *Henri V*; il y joignit une armée de Saxons, qu'il fit révolter. Dans le siècle suivant, le pape fait nommer encore un second empereur, en opposant *Othon* de Saxe à *Philippe*, ce qui fit naître une longue et cruelle guerre. *Othon IV* est ensuite excommunié, et le pape fait élire *Frédéric II*, qui devient à son tour l'objet des anathèmes du souverain pontife; on voit ensuite plusieurs empereurs à-la-fois : les princes se divisent; le pape et le chef de l'Empire ont chacun leurs partisans; on appela *guelfes* ceux du parti de Rome, et *gibelins* les autres. En 1257, on élut *Richard*, fils de *Jean*, roi d'Angleterre, et *Alphonse X*, roi de Castille; le premier vint jusqu'au Rhin et s'en retourna; *Alphonse* fit mieux, il ne remua point : alors commence un interrègne pendant lequel tout fut en confusion; l'anarchie, qui dura plus de vingt ans, était l'ouvrage des papes. Dans le quatorzième siècle, on voit un pape excommunier *Louis* de Bavière, qui venait d'être élu, et le faire déposer par les électeurs. Nous terminerons ici cette énumération très-imparfaite, en même tems qu'elle est fastidieuse, parce que c'est la répétition des mêmes faits; toujours, d'un côté, des excommunications insensées, et de l'autre, une stupide obéissance et des guerres qui en sont le résultat.

DE LA PRUSSE.

Cette puissance est un des phénomènes que présente l'histoire moderne. La famille de *Hohenzollern* occupe le trône depuis un siècle; elle est illustrée dès le treizième : mise par *Rodolphe* de Hapsbourg en possession du Burgraviat héréditaire de Nuremberg, elle compte sept burgraves; le huitième achète de l'Empereur *Sigismond* l'électorat et le margraviat de Brandebourg. On a vu des souverains acheter les suffrages des électeurs; mais on n'en connaît pas qui aient eu le moyen de payer leurs Etats. Placée, par cette acquisition, au rang des électeurs, la famille de *Hohenzollern*, entre dans les affaires de l'Empire, dont elle est partie intégrante, et se distingue par son adresse et par une politique habile à saisir l'occasion pour la mettre à profit. *George - Guillaume*, le dixième électeur, hérita de la Prusse, de la Poméranie, des duchés de Juliers et de Clèves, mais sans en jouir, parce qu'il fut faible. *Guillaume* n'avait pas d'armée. Victime de la guerre de trente ans, il vit ses Etats occupés par les Suédois, les Hollandais, les Espagnols.

Frédéric-Guillaume, surnommé le grand-électeur, lui succède et rend la Prusse indépendante; il meurt, en 1683, laissant sa puissance agrandie. *Frédéric Ier* l'augmente encore, et se couronne roi de Prusse en 1701. *Frédéric-Guillaume* hérite en partie de *Guillaume III d'Orange*, roi d'Angleterre et stathouder de Hollande; il est connu par la sévérité de la discipline militaire qu'il introduisit dans ses troupes et par son excessive économie; il meurt en 1740. *Frédéric* lui succède; c'est ce guerrier célèbre à qui la postérité a donné le nom de *Grand;* il le mérita sans doute, mais on n'a peut-être pas assez songé aux trésors immenses, à l'armée redoutable que lui laissa son père : ce furent de puissans moyens donnés à un génie actif et puissant. Les succès et la gloire de *Frédéric* furent dus à ses grandes qualités, ainsi qu'à nos fautes et à l'inhabileté de quelques-uns de nos généraux. La conduite que tint le cabinet de Versailles vient à l'appui de ce que nous avons dit sur les chefs des Gouvernemens; c'est d'eux que dépendent les succès et les revers.

Le successeur du grand *Frédéric* est connu par la prompte irruption qu'il fit en Champagne, et par une retraite plus rapide encore. Son oncle avait lutté avec gloire, pendant la guerre de sept ans, contre l'Europe entière; il connaissait le secret des coalitions; il savait que leur succès est douteux, parce que leur union est rare : ce fut une leçon perdue pour *Frédéric-Guillaume II*, dont l'imprudence donna une seconde leçon à son successeur, qui, tant qu'il en profita, eut un royaume florissant, mais qui éprouva de grandes pertes quand, oubliant l'exemple qu'il avait eu sous les yeux, il commit la faute d'entrer dans une autre coalition. La leçon de 1792 n'eût point été sans fruit pour le grand *Frédéric*, et le souvenir des campagnes d'Italie, de Marengo, d'Austerlitz, l'eût fait tenir dans un état de défense respectable; il se fût bien gardé d'attaquer, lui qui se connaissait en hommes.

Les troupes de la Prusse passaient, dans le dernier siècle, pour être les meilleures de l'Europe. Remarquons, à cette occasion, que lorsque le système militaire se perfectionne chez un peuple, lorsqu'il arrive un changement avantageux dans la tactique, la balance penche de son côté; ce résultat n'est que momentané si l'on suppose que les autres peuples adoptent peu-à-peu ces changemens; mais si ces nouvelles modifications coïncident avec le caractère de la nation qui les a la première admises, tellement que convenant bien moins aux autres, elles ne pourraient les adopter sans inconvéniens, on avouera que celle à qui ce changement de tactique convient a bientôt un avantage incalculable. Cette remarque n'est pas aussi déplacée qu'elle peut le paraître au premier abord; elle reçoit son application relativement à la Prusse, renommée par sa tactique militaire, et à l'ennemi par lequel elle a été récemment conquise.

Nous avons vu, dans ce coup-d'œil sur la Prusse, que la maison de Brandebourg acheta sa puissance, qu'elle l'accrut par des héritages, par les armes et par sa politique, et qu'elle l'a vu déchoir par une seule faute.

CHAPITRE VII.

DE L'EMPIRE OTTOMAN.

On croit les Turcs originaires de la Sarmatie asiatique. Ils se mirent successivement à la solde d'*Héraclius* et des califes sarrasins : puis, voulant conquérir pour eux-mêmes, ils s'emparèrent de la Perse, de la Mésopotamie, de la Syrie et de la Palestine. Dans le onzième siècle, ils se firent mahométans; et au lieu de continuer de vivre en troupes séparées, qui ne se réunissaient que dans certaines occasions, ils se rassemblèrent en corps de nation. *Othman*, un de leurs satrapes, envahit en 1300 plusieurs provinces de l'Asie-Mineure. Ses successeurs détruisirent l'empire des Sarrasins, fondé par *Mahomet*, et celui des Grecs. C'est sur les ruines de ces deux Empires que s'est élevée la puissance ottomane.

On compte huit sultans et vingt-trois empereurs. *Orchan*, le second sultan, épouse en 1338 la fille de l'empereur de Constantinople. *Amurath Ier* fixa l'empire à Andrinople en 1389 : ce prince remporta, suivant les historiens, trente-sept victoires. *Bajazet* soumet tous les princes de l'Asie; après de rapides conquêtes, il assiège Constantinople, et est battu en 1402 par le fameux *Tamerlan*. *Amurath II* gagne la bataille de Varna, défait l'armée hongroise, tue *Ladislas*, et augmente la puissance de ses prédécesseurs. On voit que sous les règnes de leurs sultans, les Turcs devinrent redoutables.

Mahomet II, le premier et le plus illustre de leurs empereurs, détruisit deux empires, douze royaumes et prit deux cents villes. Au lieu de réduire, comme elle devrait l'être, cette exagération des historiens, arrêtons-nous à la prise de Constantinople, arrivée en 1453, comme à l'événement le plus important pour nous, en ce qu'il place au nombre des souverains de l'Europe un prince mahométan. Ce dut être une époque remarquable que celle où le chef d'une nation toujours ennemie des chrétiens, vint se mettre au rang des rois de l'Europe et siéger sur un trône occupé par un empereur chrétien. Quand on songe que tous les princes de cette partie du monde s'étaient ligués pendant deux siècles pour aller, sans aucun motif, en Asie attaquer les Musulmans, on est fondé à croire que lorsque le chef de ces peuples tenterait de pénétrer dans cette même Europe, d'y détruire un Empire pour y fonder le sien, tous les souverains se réuniraient pour s'opposer à cette invasion. C'est donc avec surprise que l'on voit l'empereur *Constantin* réduit à se défendre seul. La situation de l'Europe justifie cet abandon. Les généraux de *Charles VII* chassaient les Anglais de la France épuisée, les princes de l'Italie se faisaient la guerre, l'empereur d'Allemagne dépendait des électeurs; l'Espagne, non encore affranchie de la domination des Maures, était partagée en plusieurs royaumes divisés d'intérêt; l'intérieur de l'Angleterre était agité, la Pologne mal gouvernée. *Mahomet II* ne trouva donc qu'une faible résistance lorsqu'il assiégea et prit Constantinople. Son invasion, précédée de la terreur qu'inspiraient les Turcs, victorieux de toutes parts, et du bruit de leurs conquêtes, fut tellement rapide que les princes de l'Europe seraient arrivés trop tard. L'enthousiasme qui avait régné du tems des croisades n'existait plus; il ne pouvait renaître : la même cause n'excite pas deux fois ce sentiment; l'intérêt et les motifs les plus pressans y devaient suppléer, mais c'étaient de faibles ressorts auprès d'une ivresse qui ne calcule ni ne raisonne.

Remarquons que depuis la prise de Constantinople, les Turcs ont menacé d'envahir quelques Etats de l'Europe; qu'ils ont été au moment de prendre Vienne; que jamais leurs frontières ne furent entamées. Bien loin de s'opposer à la prise de Constantinople ou d'essayer de les en chasser, on sembla les laisser tranquilles. Cette conduite paraîtrait étrange, si nous n'en trouvions l'explication dans les divisions des princes de l'Europe armés les uns contre les autres. Ces divisions donnaient un grand avantage aux Turcs qui n'en surent pas profiter. Un des résultats de ce système d'équilibre dont nous avons parlé, et pour l'établissement duquel on se battait alors, pouvait être de faciliter aux Mahométans l'invasion de plusieurs Etats de l'Europe. Le grand Turc, auquel on ne songeait guère, eût décidé la question d'une manière qu'on prévoyait encore moins.

Traçons le tableau des successeurs de *Mahomet*. *Sélim*, fameux par ses cruautés, s'empare de la Syrie et de l'Egypte; *Soliman*, son fils, marche sur

Vienne, donne vingt assauts à cette capitale, prend Belgrade, Bude, l'île de Rhodes, la Géorgie, une partie de la Hongrie, se fait couronner roi de Perse dans Bagdad; *Sélim II* enlève l'île de Chypre aux Vénitiens, et prend Tunis. *Achmet Ier* éprouve des revers du côté de la Perse et perd une partie de ses conquêtes : sans cette guerre, l'Autriche courait les plus grands risques. *Amurat IV* chasse les Persans, prend d'assaut Bagdad et inspire une telle terreur que les peuples de Perse, pour garantir leurs frontières, dévastent trente lieues de pays et changent un sol fertile en une solitude affreuse. Sous le règne suivant, l'île de Candie est conquise. *Mahomet IV* enlève aux Polonais l'Ukraine, la Podolie, la Volhinie et leur impose un tribut onéreux; il assiège Vienne en 1683 : *Léopold* s'enfuit. C'en était fait de cette ville sans l'avidité du grand-visir. Croyant que, comme tous les princes de l'Asie, l'empereur d'Allemagne avait des trésors dans sa capitale, et craignant qu'ils ne fussent pillés si Vienne était prise d'assaut, ce général ne poussa pas le siège assez vivement, quoiqu'il y eût plusieurs brèches praticables. Cette lenteur donne le tems à *Sobieski* d'arriver, et Vienne est sauvée. Cet échec est suivi de plusieurs autres. En 1718, le fameux prince *Eugène*, victorieux des Turcs, prend Belgrade et les force à conclure une paix glorieuse. Les trois derniers empereurs turcs du dix-huitième siècle ont été en guerre avec la Russie.

Notre but n'étant de présenter le tableau historique des Gouvernemens que sous les rapports qui rentrent dans notre plan, nous ne parlerons point des révolutions intérieures de Constantinople, des empereurs déposés ou étranglés, jouissant du pouvoir le plus absolu. On ne sait trop si l'on doit donner le nom de Gouvernement à cette puissance; elle semble étrangère à l'Europe, quoiqu'elle y soit depuis trois siècles et demi. Il y a autant de différence entre les lois, les mœurs, les usages des Turcs et les nôtres, qu'il y en a entre les deux religions. Leurs systèmes sont ceux de l'Asie, où l'on ne sait qu'attaquer ou se défendre, où l'art de négocier est inconnu, où l'on ignore ces communications, ces rapports, ces échanges, fruits de la civilisation, et qui, aux époques rares où l'Europe est en paix, semblent ne faire qu'un seul pays des diverses contrées de cette partie du monde. Le Turc habitait originairement au pied du mont Immaüs, situé vers le centre de l'Asie, la plus vaste des trois parties de l'ancien hémisphère. On voit qu'il est loin de sa patrie, mais qu'il s'en rapproche par sa manière de vivre.

L'influence des Turcs s'est fait sentir sur la Hongrie, la Russie, la Pologne, Venise et l'Autriche particulièrement. De 1798 à 1801, *Sélim III* a fait cause commune avec les puissances réunies contre les Français.

Terminons ce que nous avons à dire sur les Turcs, en rappelant l'opinion d'un grand écrivain.

« L'Empire des Turcs est à présent à-peu-près
» dans le même degré de faiblesse où était autrefois
» celui des Grecs : mais il subsistera long-tems; car,
» si quelque prince que ce fût, mettait cet Empire en

» péril, en poursuivant ses conquêtes, les trois puis» sances commerçantes de l'Europe connaissent trop » leurs affaires pour n'en pas prendre la défense sur» le-champ. Ainsi, les projets contre le Turc, » comme celui qui fut fait sous le pontificat de » Léon X, par lequel l'Empereur devait se rendre » par la Bosnie, à Constantinople, le roi de France » par l'Albanie et la Grèce, d'autres princes s'em» barquer dans leurs ports : ces projets, dis-je, » n'étaient pas sérieux, ou étaient faits par des gens » qui ne voyaient pas l'intérêt de l'Europe. C'est » leur félicité que Dieu ait permis qu'il y ait dans le » monde des Turcs et des Espagnols, les hommes » du monde les plus propres à posséder inutilement » un grand empire. » (*Grandeur des Romains*, 2. *partie*, *ch.* 23.) Ceux qui se rappelleront la situation de l'Europe à l'époque où parle *Montesquieu*, et qui n'oublieront point qu'alors Venise et la Hollande étaient au nombre des trois puissances commerçantes, pourront bien trouver, dans ce passage, et dans l'opinion de son illustre auteur, matière à plus d'un commentaire.

CHAPITRE VIII.

DE L'ESPAGNE ET DU PORTUGAL.

1°. Rois Visigoths.—Les habitans de l'Espagne, que les Romains ne purent entièrement domter, furent soumis par les Visigoths (1), moins guerriers que les conquérans du monde, il est vrai, mais plus favorisés par les circonstances. Les Romains avaient trouvé les naturels du pays. Les Visigoths n'y rencontrèrent que des Romains dégénérés et des esclaves amollis : encore les premiers se défendaient-ils contre les Vandales d'Afrique. Aux Visigoths succédèrent les Maures. On voit que depuis long-tems il n'y a plus d'Espagnols en Espagne.

Les historiens datent le règne des Visigoths de l'année 456; mais on n'a une succession de rois que depuis *Leuvigilde* en 586, jusqu'à *Rodrigue* en 714. Les prédécesseurs de *Leuvigilde* résidaient à Narbonne ou à Toulouse. On compte dix-neuf rois dans ce court espace de tems. Les sept rois de Rome gouvernèrent pendant deux siècles et demi.

---

(1) Les Goths, après avoir désolé le Nord, entrainant avec eux les Scythes, les Daces, les Gètes, firent diverses tentatives sur l'Orient. Presque toujours vaincus et repoussés, ils se jetèrent sur l'Occident, s'emparèrent en 376 de la Dacie, où ils se partagèrent en deux bandes. On donna le nom d'Ostrogoths ou Goths de l'Orient à ceux qui habitèrent le pays le plus oriental vers le Pont-Euxin. Ceux qui demeurèrent plus à l'Occident s'appelèrent Visigoths. Devenus puissans dans le quatrième siècle, ces derniers pénétrèrent en Italie. *Honorius* fut obligé de leur céder une partie des Gaules et de l'Espagne.

Euric ou *Évaric* est le nom du roi des Visigoths de Toulouse qui conquit une grande partie de l'Espagne dans le cinquième siècle; il y envoyait des officiers qui, sans prendre le titre de vice-roi, en exerçaient les fonctions.

Causes de cette conquête. — Les naturels de la péninsule étaient esclaves. Les Romains se battaient contre les Vandales, nouvellement arrivés de l'Afrique; ils ne pouvaient faire cause commune pour résister aux Visigoths. La destinée des esclaves était de continuer de l'être; ils devaient désirer un changement : on croit toujours gagner à changer de maître. Le manque d'union et la faiblesse du gouvernement, qui en est la suite nécessaire, furent la cause de la conquête. Ce ne fut ni la première, ni la dernière.

2°. Invasion des Maures. — Les Maures, appelés, selon les uns, par le comte *Julien*, à qui le roi *Rodrigue* avait fait un affront en déshonorant sa fille, et, selon les autres, conduits par un esprit de conquête, passèrent en Espagne en 712. Une bataille se livra dans les plaines de Xerès. *Rodrigue* y perdit le trône et la vie. En quatorze mois, les trois-quarts de l'Espagne furent soumis aux Maures; il ne resta que les montagnes des Asturies, dans lesquelles quelques seigneurs visigoths se réfugièrent. Ils se choisirent en 718 un roi du sang de leurs princes. Ce fut *Pélage*, parent de *Rodrigue;* il justifia ce choix, se défendit contre les Maures, qui probablement, en se voyant maîtres de contrées plus fertiles, eurent l'imprudence de dédaigner un roi dont les sujets demeuraient dans des cavernes, et commirent la faute de laisser un noyau de discordes qui devait s'agrandir. *Pélage* chasse les Maures de son voisinage, met l'espace circonscrit dont il s'empare à l'abri d'une invasion, en le retranchant, se maintient et forme ainsi les petits royaumes d'Oviédo et de Léon. Les Maures tâchèrent de s'opposer aux progrès de *Pélage* et de ses successeurs. Les efforts que firent ceux-ci pour avancer et ceux-là pour les arrêter, causèrent une guerre qui dura sept siècles. Pendant cet espace de tems, il s'établit des souverainetés qui ont couvert l'Espagne de royaumes.

La famille de *Pélage* occupa le trône depuis 718 jusqu'en 1037. On compte vingt-quatre rois pendant ces trois siècles. En 1037, les Etats de Léon et d'Oviédo assemblés donnèrent la couronne à *Ferdinand*, roi de Castille, qui avait épousé la sœur de celui de *Léon*. Il n'est pas inutile d'ajouter que ce prince, armé contre son beau-frère, l'avait vaincu dans une bataille. Il est probable que le droit du plus fort servit à faire reconnaître celui de l'hérédité. La Castille, qui avait eu des souverains particuliers pendant quatre siècles, fut ainsi réunie aux royaumes de Léon et d'Oviédo, qu'on appelait royaume des Asturies. *Ferdinand V*, possesseur de ces royaumes, en épousant en 1474 *Isabelle*, reine d'Aragon, ajouta cette couronne à celles qu'il avait. Sous le règne de ce prince, on acheva l'expulsion des Maures par la prise de Grenade en 1492. Cette ville et le royaume auquel elle donnait son nom étaient restés pendant 779 ans sous la domination mauresque.

Nous ne parlons point des autres États qui portèrent le titre de royaumes; les quatre premiers qui furent chrétiens, étaient Léon, Oviédo, la Galice et la Castille. Il y en avait un bien plus grand nombre de mahométans, tels que Cordoue, Séville, Jaen, Tolède, Valence, Sarragosse, Huesca, etc. Presque toutes les villes considérables donnèrent le nom de royaume à leur banlieue. Il est inutile de parler de ces souverainetés; c'est parce que *Pélage* et ses successeurs ont agrandi leurs États au point de régner enfin sur l'Espagne, que nous avons fait mention de ce prince.

Causes de la domination et de l'expulsion des Maures. — Un sujet révolté contre son prince favorisa l'envahissement des Maures. La religion, cet inépuisable sujet de discordes, avait affaibli les Visigoths, tantôt ariens, tantôt catholiques, et toujours armés les uns contre les autres. Ces guerres les épuisèrent, et ils étaient hors d'état de résister aux Maures quand ces conquérans se présentèrent : ceux-ci laissèrent aux vaincus leurs lois, leurs usages, leur culte et se contentèrent de l'honneur du commandement, La faute, énorme en politique, qu'ils commirent en souffrant dans le pays dont ils s'emparaient un centre de mécontens qui s'accrut graduellement, se fit craindre et finit par chasser les vainqueurs, est la principale cause de l'expulsion de ce peuple, à qui l'Espagne dut les arts, les sciences, l'agriculture et des monumens qu'on admire encore aujourd'hui. Laisser un prince de la famille royale à la tête d'un parti, c'était alimenter un foyer de destruction.

L'histoire ne compte les rois maures que depuis 712, époque de l'invasion, jusqu'en 719, année où *Pélage* se réfugia dans les cavernes des Asturies; mais la domination des Maures ne cessa totalement qu'en 1492. Il y eut des alliances entre les princes maures et les princes chrétiens, des traités de paix, des conventions; ces derniers princes reconnaissaient donc les autres. On ne voit d'autre motif à la conduite des historiens pour expliquer cet oubli, qu'un système adopté de ne parler que des peuples de leur religion.

3°. L'Espagne chrétienne. — *Ferdinand et Isabelle* sont les premiers princes chrétiens qui aient régné sur toute l'Espagne réunie en un seul empire par leur mariage et l'expulsion des Maures. C'est sous leur règne que *Christophe Colomb* découvrit le Nouveau-Monde; événement de la plus haute importance pour l'ancien, et particulièrement pour l'Espagne, dont la puissance fut augmentée, et qui, la première, profita de cette découverte.

Ferdinand maria la princesse *Jeanne*, sa fille, à *Philippe*, archiduc d'Autriche, fils de l'empereur *Maximilien*. C'est la mère de ce fameux *Charles-Quint*, plus heureux encore que grand homme, quoiqu'il eût des talens : mais leur éclat est terni par sa mauvaise foi. De vastes États, de grandes richesses, de fortes armées, d'habiles généraux rendaient ce prince l'arbitre de la destinée de l'Europe. A ces moyens puissans, il joignit une fausseté qui l'empêcha de les faire valoir : il s'abusa lui-même en trompant les autres. Dans sa lutte avec *François I*er, plus grand capitaine que *Charles*, on remarque d'un côté la ruse et la dissimulation, et de l'autre la franchise et l'honneur.

Charles-Quint monta sur le trône d'Espagne en 1516. Ayant ensuite eu la dignité impériale, il partagea sa vie entre l'Espagne, la Flandre et l'Allemagne. Il abdiqua sans motif bien connu, ou du moins bien raisonné de sa part, puisqu'il ne tarda pas à s'en repentir. *Philippe II*, son fils, hérita des défauts de son père, sans en avoir les qualités. Au lieu de profiter des troubles qui désolaient la France, il se contenta de se faire nommer roi de ce pays par la *sainte ligue*, d'augmenter ces troubles et de payer les mécontens. S'il ne fit rien, ce ne fut point par amour de la paix, car il voulut asservir l'Angleterre; mais *Philippe* était lâche, dévôt, cruel, sans génie et sans talent. Dans les mains d'un tel prince, des trésors et des armées sont des moyens inutiles.

Depuis la mort de *Philippe II* jusqu'à nos jours, les rois d'Espagne rendent dans leurs États leur pouvoir absolu, mais ils perdent toute leur autorité dans l'Europe. *Philippe III*, sans caractère, ne pouvait gouverner l'Amérique, les possessions de l'Asie, de l'Afrique, de l'Italie, les Pays-Bas et l'Espagne. Il y eut un tel désordre dans les finances, que pendant sa guerre contre les Provinces-Unies, on manqua de fonds pour payer les troupes; ce qui fit passer trois mille Espagnols sous les drapeaux du stathouder. En chassant sept cent mille Maures de ses États, il se priva d'artistes industrieux et produisit en Espagne l'effet qu'a depuis causé en France la révocation de l'édit de Nantes. Cette émigration affaiblit la monarchie en augmentant la dépopulation d'un pays qui déjà manquait d'habitans.

La maison d'Autriche a donné six rois à l'Espagne. *Charles II*, le dernier de ces rois, se voyant sans enfans, nomma pour son héritier *Philippe V*, petit-fils de sa sœur et de *Louis XIV* : disposition testamentaire pour l'exécution de laquelle il fallut une armée, la victoire et *Vendôme*.

Remarquons que les successeurs de *Philippe II* remirent le sceptre entre les mains de leurs ministres ou de leurs confesseurs, et que l'histoire d'Espagne est moins celle des premiers que des seconds.

Voici comment l'historien véridique présenterait le tableau des successeurs du fils de *Charles-Quint*. Il pourrait placer de la manière suivante les souverains qui donnèrent leurs noms aux règnes de leurs ministres.

Rois de nom.	Rois véritables.
Philippe III.	— Le duc de *Lerme*, ensuite le duc d'*Uzède*.
Philippe IV.	— Le comte d'*Olivarès*, puis son neveu D. *Louis de Haro*.
Charles II.	— La reine. — Le P. *Nitard*, jésuite, qui fut remplacé par D. *Fernand* de *Valenzualès*.
Philippe V.	— La princesse des *Ursins*. — Le cardinal *Albéroni*.
Ferdinand.	— *Marie-Madeleine Thérèse*, infante de Portugal. — Les ministres *ad turnum*.

Je m'arrête ici, et je laisse au lecteur le soin facile de remplir entiérement le cadre. Revenons.

Philippe V, prince médiocre, ne sut point régner. Se rendant justice, il abdiqua en faveur de son fils : mais celui-ci n'ayant vécu qu'un an, le père reprit sa couronne, sans mieux gouverner. Il mourut en 1744. *Elisabeth de Parme*, sa seconde femme, fit placer sur le trône de Naples *Don Carlos*, son fils aîné. *Ferdinand*, fils de la première femme de *Philippe*, succède à ce roi. Il meurt en 1750 et laisse le trône à *Charles III*, son frère, roi de Naples. *Charles* cède la couronne de Naples à son fils, passe en Espagne, y règne jusqu'en 1789. *Charles IV*, né en 1748, lui succède. Il entra dans la première coalition et fit la paix assez tôt pour rester tranquille pendant que les souverains de l'Europe se faisaient battre par la France; mais il ne jouit pas long-tems de ce repos, qui fut troublé par une de ces querelles toujours scandaleuses et funestes quand elles divisent les familles des rois. Le fils s'arme contre le père. *Charles* ne voulant ni porter un sceptre que les circonstances rendaient difficile à diriger, ni le remettre à un fils ambitieux, le dépose entre des mains puissantes, persuadé sans doute de cette vérité, qu'un gouvernement sans force et sans énergie est un fléau pour les peuples.

Remarquons que dans l'espace d'un siècle, le trône d'Espagne a été ébranlé par des changemens et par l'ordre de succession interrompu. En vertu d'un testament, un prince de la maison de France y monte; mais il a un compétiteur, et les Espagnols se partagent entre ces deux rivaux. Des mémoires certains ne laissent aucun doute sur la résistance qu'éprouva *Philippe*, et sur les sanglantes exécutions qui lui mirent la couronne sur la tête. Le fils de ce roi n'ayant point d'enfans, on va chercher un roi à Naples; il n'y avait pas d'autre moyen de rallier autour du prince les Espagnols divisés. La faiblesse des successeurs n'était pas propre à raffermir un trône chancelant, dont la chute était inévitable si *Charles IV* n'avait exercé le droit qu'il avait de le céder, droit en vertu duquel sa famille régnait. Puisque la couronne avait été donnée à *Philippe*, son quatrième aïeul, *Charles* pouvait donc céder la sienne.

Voyons, en passant, l'influence des ministres de la religion en Espagne. Pendant le règne des Visigoths, les grands et les évêques firent déposer les rois. On voit dans le sixième siècle le roi *Wamba* se faire moine, son successeur *Egiza* exiger qu'un concile confirmât sa promotion au trône, et *Witiza*, fils de ce dernier, rassembler les évêques pour confirmer son élection. La couronne alors n'était pas héréditaire.

Dans le quatorzième siècle, les papes prétendirent disposer du royaume d'Aragon, qu'ils regardaient comme un fief de l'église romaine. Ils le donnèrent à *Charles de Valois*, petit-fils de *saint Louis*, par une bulle qui n'eut pas d'exécution.

Ferdinand et *Isabelle* tolérèrent le tribunal de l'inquisition en 1478. Ce tribunal fit trembler les rois et rendit leur autorité presque nulle, en en faisant le principal instrument de leur puissance. Voyons sous quels traits une plume éloquente a peint cet odieux tribunal. « Le dominicain *Torquemada* donna au tribunal de l'inquisition espagnole cette forme juridique opposée à toutes les lois humaines. Il fit, en quatorze ans, le procès à quatre-vingt mille hommes, et en fit brûler six mille avec l'appareil et la pompe des plus augustes fêtes. Tout ce qu'on nous raconte des peuples qui ont sacrifié des hommes à la Divinité, n'approche pas de ces exécutions accompagnées de cérémonies religieuses. La forme des procédures devint un moyen infaillible de perdre qui l'on voulait. On ne confronte point les accusés aux délateurs, et il n'y a point de délateur qui ne soit écouté. Un criminel public et flétri par la justice, un enfant, une courtisane, sont des accusateurs graves : le fils même peut déposer contre son père, la femme contre son époux. Enfin l'accusé est obligé d'être lui-même son propre délateur, de deviner et d'avouer le délit qu'on lui suppose et que souvent il ignore. Cette procédure, inouïe jusqu'alors, fit trembler l'Espagne. C'est de là que le silence est devenu le caractère d'une nation née avec toute la vivacité que donne un climat chaud et fertile. Il faut encore attribuer à ce tribunal cette profonde ignorance où les écoles d'Espagne demeurèrent plongées. Jamais la nature humaine n'est si avilie que quand l'ignorance superstitieuse est armée du pouvoir (1). »

On sent quelle influence dut avoir en Espagne un tribunal si redoutable. On le craignit beaucoup plus que l'autorité royale. Lorsque dans un État

(1) *Essai sur l'Histoire générale*, tome 4, chap. 136.

il s'élève un pouvoir au-dessus de celui du souverain, le sceptre est dans des mains débiles, il y a dans le gouvernement un vice qui, tôt ou tard, doit entraîner sa chute.

Terminons par indiquer une autre cause qui agit sur l'Espagne : la découverte de l'Amérique. Elle occasionna deux grands maux : le premier, de rapporter dans la péninsule une contagion qui la dépeupla et s'étendit en Europe ; le second, de rendre les émigrations nécessaires pour peupler les colonies.

Du Portugal. — Ce royaume se forma et s'agrandit, comme celui de Pélage, aux dépens des Maures. Il a encore de commun avec l'Espagne d'avoir été tour à tour soumis par différens peuples. Aux Carthaginois, aux Romains, succédèrent les Suèves, les Alains, les Visigoths, et enfin les Maures. Ces derniers furent chassés du Portugal par *Henri*, arrière-petit-fils de *Robert*, roi de France, que *Philippe Ier* avait envoyé en 1087 au secours d'*Alphonse VI*, roi de Castille et d'Aragon.

On compte, depuis 1095, quatre époques de succession parmi les souverains du Portugal : 1° les descendans légitimes de *Hugues Capet*, qui occupèrent le trône jusqu'en 1385 ; 2° de cette époque les descendans bâtards du même prince régnèrent jusqu'en 1580 ; 3° les rois d'Espagne réunirent le Portugal à l'Espagne : cette réunion dura soixante ans ; 4° en 1640 la maison de Bragance affranchit les Portugais du joug espagnol. Elle a conservé le trône jusqu'en 1807.

La première époque est de 300 ans. Elle offre

neuf rois. Voici ce qui causa le changement de dynastie. Le roi *Ferdinand* mourut en 1383, ne laissant qu'une fille mariée au roi de Castille, qui, voulant prendre le titre de roi de Portugal, tenait en prison le frère de *Ferdinand*. Il s'avance à la tête d'une armée; mais *Jean*, frère naturel de *Ferdinand*, grand-maître d'*Avis*, bat le parti du roi de Castille, se met la couronne sur la tête, et l'y affermit par la fameuse victoire d'Aljubarotta, dont l'anniversaire a été célébré en Portugal jusqu'à ces derniers tems. On remarque dans cette première époque, *Henri*, dont nous avons parlé, qui gagna dix-sept batailles. Il ne portait que le titre de comte. Son fils, *Alphonse-Henriquez*, fut proclamé roi par ses soldats, après une victoire brillante. *Alphonse* s'empara de Lisbonne dont il fit sa capitale au lieu de Coïmbre. *Denys*, dit *le Père de la Patrie*, encouragea les arts, l'agriculture, et bâtit ou fit réparer quarante-quatre villes.

La seconde époque a deux cents ans de durée. Il y eut huit rois de la race d'*Avis*. Sous ces princes les Portugais parvinrent à un haut degré de gloire par leurs découvertes et leurs conquêtes dans les deux mondes. Sous *Emmanuel* le Fortuné, en 1515, *Vasco de Gama* double le cap de Bonne-Espérance, *Alvarez* découvre le Brésil, *Albuquerque* conquiert les Indes. Le passage de la seconde à la troisième époque est dû à la faute du jeune *Sébastien*, qui, pour combattre les Musulmans, fut en Afrique perdre la bataille, le trône et la vie.

En 1580, il y eut au trône portugais sept prétendans, au nombre desquels était le pape, *parce qu'un de ses prédécesseurs* avait accordé le titre de roi au second prince de Portugal; et *Catherine de Médicis,* comme héritière de *Robert,* exclus du trône 300 ans auparavant, parce qu'il ne put prouver qu'il était fils du roi, ainsi qu'il le disait. De tous ces prétendans, *Philippe II,* dont les droits étaient par les femmes, fut le plus fort. Le Portugal resta pendant soixante ans sous la domination espagnole. Traité comme pays de conquêtes, il se révolta et plaça le duc *de Bragance* sur le trône. C'est le désespoir du peuple, accablé d'impôts, qui causa la fameuse révolution de 1640.

Remarquons que, quoique l'on distingue trois dynasties, cependant toutes remontent à *Hugues Capet.* Le grand-maître d'*Avis* était frère naturel de *Ferdinand : Alphonse,* tige de la maison de *Bragance,* était fils naturel d'*Agnès Pérez,* fille du grand-maître. Ainsi les derniers souverains de Portugal étaient bâtards de bâtards de *Hugues Capet.* Ils ont occupé le trône pendant cent soixante ans. Leur union avec l'Angleterre a causé leur ruine. En politique, il faut savoir choisir ses alliés quand, n'étant pas le plus fort, on est obligé d'en avoir. Le Portugal a presque toujours été dans cette nécessité.

CHAPITRE IX.

DE L'ANGLETERRE.

Nous voici parvenus à la monarchie qui, de toutes celles de l'Europe, eut avec nous le plus de débats, et dont l'histoire doit, pour cette raison, avoir à nos yeux un intérêt plus direct que la plupart des autres Etats. L'Angleterre et la France, presque toujours en guerre, présentent respectivement dans leurs annales un grand nombre de faits qui doivent les intéresser également toutes les deux. Sans cesse occupées l'une de l'autre, dans la paix comme dans la guerre, elles ne cessèrent d'être ennemies que pour devenir rivales.

La position de cet Etat est à remarquer comme ayant eu beaucoup d'influence sur les événemens qui y sont arrivés. C'est une grande île, qui jadis comprenait plusieurs royaumes, aujourd'hui réunis en un seul. La position des habitans causa le nombre, la longueur de leurs guerres civiles et les rendit sanglantes. Les vaincus ne pouvaient, comme sur le continent, passer d'un pays dans l'autre; il fallait qu'ils défendissent leur sol avec opiniâtreté. Leurs succès sur terre, dans le tems que leurs princes possédaient plusieurs provinces françaises, vinrent de ce que leurs troupes étaient formées d'une multitude de Français. Notre faiblesse fit leur force; nous étions en proie à une double guerre civile;

nous nous battions entre nous, et les Anglais, maîtres du tiers de la France, nous battaient avec les nôtres : malgré ce triple avantage, ils furent à la fin forcés de retourner dans leur patrie.

Renfermés dans une île, les Anglais durent tirer tout le parti possible de leur position ; la nécessité rend industrieux. Les Bataves défendent leur terrain contre la mer et luttent sans cesse contre cet élément, auquel ils opposent des digues ; les Anglais ne peuvent s'agrandir. Le seul moyen de se placer au rang des premières puissances était de faire de grands progrès dans ce qui manquait à la plupart et de rendre ainsi la balance plus égale ; ils eurent donc une marine. Des souvenirs anciens et modernes leur apprirent ce que pouvait un Etat avec une marine florissante. Carthage avait fait trembler Rome ; Venise s'était vue sur le point de dicter des lois à l'Europe : mais d'autres souvenirs apprennent que Carthage, malgré sa marine, fut détruite, et que l'éclat que Venise reçut de la sienne n'avait été que passager.

Leur situation devait donc rendre les Anglais essentiellement marins ; il était de la politique du souverain, ou plutôt du gouvernement, qui, dans cette île, est distinct du roi, de tirer parti de cette sorte de nécessité. Si la population devenait trop nombreuse, il y avait aux Indes des conquêtes faciles à faire, des comptoirs à établir, des colonies à former : c'était un appât pour la cupidité, en même tems qu'un moyen commode de se défaire utilement de la partie la plus turbulente du peuple. On fit l'un et l'autre, et l'Angleterre possède au-delà des mers une étendue de pays et une population qui dépasse de beaucoup la sienne propre. On doit suspendre son jugement sur l'avantage vrai ou prétendu d'avoir d'immenses colonies; les exemples sont dangereux en politique, et celui de l'Amérique, qui s'est affranchie du joug anglais, peut être un jour suivi par les autres colonies.

La seule nation d'Europe qui, sous le rapport maritime, peut balancer la puissance de ces insulaires, auxquels elle est supérieure sous tous les autres rapports, est la nation française, dont le pays offre un long développement de côtes semées de ports vastes, sûrs et bien défendus; mais l'insouciance de *Louis XV*, l'inhabileté d'un de ses ministres, portèrent un premier échec à notre marine, qui, pendant notre désorganisation anarchique, reçut un autre échec. Tandis qu'elle languissait, les Anglais perfectionnèrent la leur qui fait toute leur sûreté, et sans laquelle leur pays deviendrait une colonie française. Nos ressources sont plus grandes qu'elles n'ont jamais été. Conduits par l'impulsion du génie, nous avons triomphé d'obstacles plus difficiles à vaincre qu'une marine à créer. Si nous pensons que tout le mal que peut nous faire l'Anglais consiste à brûler quelques maisons, tandis qu'il est perdu si nous abordons une fois sur ses côtes, nous verrons que l'espoir est d'un côté et les craintes sont de l'autre. Depuis l'expédition de *Guillaume*, on a compté treize descentes en Angleterre.

Trois gouvernemens, distincts l'un de l'autre, étaient, pour l'Angleterre, dans le système de politique moderne, une source continuelle de guerres renaissantes. La réunion de ces trois gouvernemens, en un seul, a fait couler des flots de sang. Le pays de Galles, situé dans la partie occidentale de l'île, était gouverné par des princes indépendans. Il fut conquis en 1282, sous *Edouard Ier* : mais l'*union législative*, c'est-à-dire l'organisation administrative de ce pays, enclavé désormais dans le royaume d'Angleterre, n'eut lieu qu'en 1537, sous *Henri VIII*.

L'Écosse, nom que porte la partie septentrionale de l'île, fut réunie en 1602, sous *Jacques Ier*, qui ajouta la couronne d'Angleterre à celle d'Ecosse; l'union législative ne fut sanctionnée qu'en 1706, sous la reine *Anne*.

Ces deux Etats ainsi réunis dans le troisième, il y eut moins de guerres intérieures. L'Irlande, dont l'indépendance devait, par la marche de la même politique, céder au pouvoir des Anglais situés dans son voisinage, fut conquise par eux, en 1172, sous *Henri II*: mais l'union législative n'a eu lieu qu'en 1800. Pendant les six siècles qui séparent la conquête, de l'union, l'Irlande a été en proie à des troubles civils ou religieux.

On voit que, dès l'origine, l'Angleterre avait, dans son sein, des élémens de trouble. Les Gallois et les Écossais ont défendu leur indépendance, et, en la perdant, en ont conservé long-tems le souvenir. Outre ces causes, il y en a une dans le caractère national, naturellement inquiet, ombrageux, qui s'opposait à leur tranquillité. Nous allons en avoir la preuve en parcourant rapidement les feuillets sanglans de l'histoire d'Angleterre.

Après avoir été, pendant quatre siècles, province

de l'empire romain, cette île fut envahie par les Anglo-Saxons qui la possédèrent quatre autres siècles. Au bout de ce tems, les peuples des provinces se réunirent sous *Egbert*, qui fut le premier roi. Nous ne commencerons les souvenirs sur ce pays que depuis la conquête qu'en firent les Normands, parce que tout ce qui précède cet évènement est d'un faible intérêt. L'époque de cette conquête est celle d'un changement général et d'une révolution totale dans l'île. Le trône a été successivement occupé par quatre familles : ce sont celles *de Normandie*, *d'Anjou*, *de Tudor*, *des Stuarts*, auxquelles a succédé la maison *de Brunswick* qui règne aujourd'hui. La première de ces familles conquit la couronne, les autres en héritèrent.

1°. *Famille française*. *Guillaume*, duc de Normandie, profitant des troubles et des divisions des Anglais partagés entre un roi nouvellement élu par les uns, et l'enfant du dernier roi, reconnu par les autres, *Guillaume*, pour terminer le différend, débarque dans l'île, livre une bataille, la gagne et se place la couronne sur la tête. Il avait reçu le dernier roi dans ses malheurs; lui-même était allé le voir ensuite à Londres. Se servant avec adresse de ces relations amicales, que les Anglais ne pouvaient ignorer, *Guillaume* prétendit qu'*Édouard* avait fait un testament en sa faveur. Il en parla souvent, ne le montra jamais, et, après la bataille d'Hastings, qui valait mieux qu'un testament, il n'en fut plus question. N'oublions pas d'ajouter que le pape, pour favoriser *Guillaume*, avait lancé des anathèmes contre ceux qui s'opposeraient à ses projets.

Ainsi ce prince était muni d'une armée, d'un testament et d'une excommunication. La victoire rendit les deux dernières précautions inutiles. Les Normands occupèrent le trône pendant 69 ans, et donnèrent trois souverains à l'Angleterre. *Mathilde*, dernière princesse de cette maison, épousa *Geoffroy Plantagenet*, comte d'Anjou, qui, par ce mariage, acquit des droits sur la couronne, et les transmit à ses enfans.

2°. *Les comtes d'Anjou, deuxième famille française.* — *Henri II* en fut le premier roi. Son mariage, avec *Éléonore de Guyenne*, impolitiquement répudiée par *Louis VII*, et l'immense héritage qu'elle lui apporta, furent les principales causes de la longue guerre entre l'Angleterre et la France : guerre qui dura quatre siècles, pendant lesquels si la fatigue et l'épuisement firent déposer momentanément les armes, ce fut toujours avec le projet de les reprendre. Cette famille régna 331 ans. Elle donna quatorze souverains. Elle est célèbre par des victoires plus brillantes qu'utiles, par plusieurs princes, par des revers et par une fin tragique.

3°. *Famille de Tudor.* — *Owen-Tudor*, fort éloigné du trône par sa naissance, épouse *Catherine de France*, veuve de *Henri V*. Ce mariage donne pour femme à *Edmond*, fils *d'Owen*, *Marguerite de Sommerset*, dont le fils devint le représentant de *Lancastre* et l'héritier de la couronne. Cette famille a régné 118 ans et donné cinq souverains à l'Angleterre. *Henri VIII*, le *Louis XI* de la Grande-Bretagne, et la reine *Elisabeth* sont les plus célèbres. Après cette princesse, la couronne passa aux *Stuarts*, qui en étaient les plus proches parens, et les véritables héritiers.

4°. *Famille des Stuarts.* — *Walter* est leur nom. Ils avaient le titre de *stuart* ou sénéchal d'Écosse, et ce titre devint le nom de leur famille, célèbre par des malheurs et des fautes. Six rois de cette maison ont occupé le trône pendant cent onze ans.

5°. La maison de Brunswick règne depuis 1714. Elle a donné trois souverains. *Georges III* possède la couronne depuis 1760.

On voit que les maisons qui ont régné sur l'Angleterre, à l'exception de la troisième dont l'origine est obscure, n'étaient point du pays. La France a fourni les deux premières, l'Ecosse la quatrième, et l'Allemagne la cinquième. Tâchons, en passant en revue les principaux évènemens arrivés sous ces différentes dynasties, de trouver matière à des observations qui rentrent dans notre plan : il est curieux de découvrir par quels degrés cette nation est parvenue au point où nous la voyons aujourd'hui.

Au lieu d'adopter les mœurs, les lois et les usages des vaincus, ou du moins ce qui devait être conservé, et convenait au pays, comme avaient fait beaucoup de conquérans, *Guillaume* abolit toutes les lois de l'Angleterre, et força même les Anglais de parler normand. Il fit la guerre à *Philippe Ier*, roi de France, et le contraignit à demander la paix. Le successeur du pape qui avait favorisé *Guillaume*, le fameux *Grégoire VII*, qui attaquait tous les souverains, exigea que *Guillaume* lui rendît hommage pour le royaume d'Angleterre. Pour toute réponse, le conquérant fit défendre à son peuple de reconnaître d'autre pape que celui qu'il approuverait. Sous les successeurs du prince normand, l'Angleterre était gouvernée féodalement comme la France. Le roi ne pouvait agir sans le consentement des barons. Pour affaiblir leur autorité, le souverain donna des priviléges aux villes, à condition que chaque paroisse marcherait à l'armée. C'est du commencement du douzième siècle, que date ce gouvernement municipal. Moyen employé presqu'à la même époque par la France, l'Angleterre et l'Allemagne.

Henri I, fils de *Guillaume*, établit, dans ses Etats, l'uniformité des poids et mesures, et signa une charte qui accordait des priviléges à la nation. Il lutta, mais à son désavantage, contre le pape et les évêques ; ce qui causa une guerre civile.

Le chef de la seconde dynastie, *Henri II*, était le prince le plus riche de l'Europe. Il tenait, de son père, l'Anjou, la Touraine et le Maine ; de sa mère, l'Angleterre et la Normandie ; enfin, de sa femme, la Guyenne, le Poitou, la Saintonge, le Périgord, l'Angoumois, le Limousin et l'Auvergne. Il conquit l'Irlande, et gouverna la Bretagne dont son fils avait épousé l'héritière. Sa puissance semblait devoir lui garantir la tranquillité ; mais elle fut troublée par le meurtre de l'archevêque de Cantorbéry et par *Eléonore*. Cette princesse fit révolter contre *Henri* ses quatre enfans. Les chagrins que lui causa cette conduite, abrégèrent ses jours. Sous *Richard-Cœur-de-Lion*, célèbre par ses malheurs et les croisades, l'Angleterre fut heureuse. *Jean-*

Sans-Terre se vit privé des Etats qu'il possédait sur le continent, pour avoir usurpé la Bretagne. S'étant brouillé avec le pape, son royaume fut offert au roi de France par le souverain pontife, qui se laissa cependant désarmer par les lâches soumissions du roi *Jean* : bassesse, dont les Anglais indignés profitèrent pour faire signer à leur souverain la *charte fameuse des libertés* d'Angleterre. *Jean* se plaignit au pape qui usa des ressources ordinaires : ce fut d'excommunier tous les pairs d'Angleterre. Ceux-ci offrent la couronne à *Philippe-Auguste*, qui les engage à la donner à son fils. *Louis* est à son tour excommunié. Ce moyen puéril, employé si souvent, devait, suivant le cours des choses dont le prix est en raison de la rareté, s'user bien vite : mais il subsista long-tems, et s'il a perdu sa valeur aux yeux des personnes sensées, il a peut-être encore quelque pouvoir sur les bonnes femmes et les esprits faibles. *Jean*, détrôné, errant en Angleterre, mourut dans un village. La minorité du successeur de ce prince fut orageuse. Il y eut une guerre civile : on augmenta les priviléges de la grande charte, et l'on en fit une autre appelée *charte forestière*. Vingt-quatre barons gouvernèrent l'Etat : l'autorité royale fut méconnue. En 1300, le parlement d'Angleterre prit la forme dont il conserve encore la plus grande partie. Pour balancer le pouvoir des barons et des pairs, *Edouard Ier* donne de l'autorité à la chambre des communes. C'est de ce siècle que date ce singulier gouvernement, qui réunit les avantages et les inconvéniens des trois autres, et qui a été la cause de tant de guerres civiles. La première éclata dès que cette constitution fut achevée. *Edouard II* est enfermé et détrôné. Son successeur *Edouard III* est fameux dans nos annales, ainsi que son fils le *Prince noir*, par leurs succès et des victoires dont ils ne surent pas profiter. *Richard II* est déposé par le parlement, renfermé dans la tour et assassiné. Son meurtrier régna sous le nom de *Henri IV*.

Henri V, profitant de la faiblesse d'un de nos rois tombé en démence, des factions qui désolaient notre pays, descend en France, dont il conquiert une partie, et se fait déclarer roi. On prétend qu'*Henri V* commença cette guerre si glorieuse pour lui, par politique et pour occuper des sujets turbulens, toujours prêts à se révolter. Si cette conjecture est vraie, la même politique devait l'empêcher d'accepter la couronne de France. Ses nouveaux sujets ne pouvaient le regarder que comme un usurpateur, qui ne devait sa couronne qu'au crime d'*Isabelle* et à des factieux, tandis que les Anglais avaient à craindre que leur patrie ne devînt une province française. *Henri VI* présente à-peu-près le même spectacle que *Charles VI* : d'une incapacité presque égale, à la démence près, il se vit enlever sa couronne et la vie, malgré le courage héroïque de *Marguerite d'Anjou*, qui gagna une bataille, et rendit une première fois le trône à son mari. Sous ce règne, l'Angleterre fut déchirée par les factions de *la rose blanche*, emblème des *Lancastre*, et de *la rose rouge* peinte sur les drapeaux de *Richard*, chef de la maison d'*Yorck*. Pendant cette querelle, qui dura trente ans, il y eut douze batailles rangées dans lesquelles périrent la plus grande partie des princes et l'élite de la noblesse anglaise. *Edouard IV*, souillé du sang de son roi, de celui de son frère, pour plaire à sa nation, propose une invasion en France; mais il mourut au milieu des préparatifs de cette entreprise. *Glocester* qui succéda sous le nom de *Richard III*, et dont la mémoire est encore plus odieuse que celle du précédent, fit étrangler le jeune roi et son frère, fils d'*Edouard*, et ses neveux. L'aîné était âgé de 13 ans. Il était réservé à l'Angleterre de voir deux rois, couverts de crimes, occuper le trône sans intervalle. *Richard* fit légitimer son usurpation par un parlement assez vil pour déclarer que la mère du roi avait été coupable d'adultère, et que le seul de ses enfans, qui ne fût point bâtard, était *Glocester*. Il ne jouit que deux ans du fruit de ses forfaits; *Henri*, comte *de Richemond*, lui arracha la couronne et la vie, et, pour réunir les droits des *Lancastre* et des *Yorck*, il épousa *Elisabeth*, fille d'*Edouard III*, et régna sous le nom d'*Henri VII*. Ici finit la seconde dynastie, dont les annales offrent les guerres civiles les plus sanglantes, et les princes les plus cruels qui aient désolé la Grande-Bretagne. Remarquons que cette grande charte, instituée par un des premiers princes de cette maison, et dont les Anglais se sont tant enorgueillis dans des tems plus rapprochés de nous, fut entièrement inutile à ces funestes époques; qu'aucun de ces insulaires n'osa la réclamer, et qu'elle n'adoucit ni la barbarie de leurs rois, ni la rigueur de leur sort.

Le règne de *Henri VII* fut troublé par deux aventuriers dont l'un se disait le neveu et l'autre le fils d'*Edouard IV;* mais les deux partis ne furent pas assez puissans pour inquiéter le roi qui en triompha. On a peint *Henri* comme un prince d'une sordide avarice. Le règne de *Henri VIII,* son successeur, est célèbre par la séparation de l'Angleterre, de l'Eglise romaine, et par le sort cruel que ce prince fit éprouver à ses femmes. Voulant casser son mariage avec *Catherine,* tante de *Charles-Quint,* il sollicita le pape, qui, craignant *Charles-Quint* et *François Ier* son ennemi, et partisan pour cette raison de *Henri VIII,* se trouva dans un embarras dont il crut se tirer par la lenteur ultramontaine. *Henri*, pressé par sa maîtresse, muni de décisions favorables obtenues de plusieurs universités, prend le parti de faire dissoudre son mariage par l'archevêque de Cantorbéry. Le pape *Clément VII* a recours aux armes ordinaires, et fulmine une excommunication qui lui fait perdre l'Angleterre. *Henri VIII* est déclaré, par son clergé et par le parlement, chef suprême de l'église anglicane. Tous les liens avec le pontife de Rome sont rompus, et les Anglais prêtent au roi le serment de *suprématie.* La suppression des couvens, la spoliation des églises, augmentèrent le trésor du roi et les revenus de la couronne. Cette séparation, faite sans trouble et en un instant, est un événement qui a eu non-seulement beaucoup d'influence sur la Grande-Bretagne, mais sur l'Europe entière : elle rendit les papes moins prodigues d'excommunications, plus discrets dans l'application qu'ils en firent; elle ouvrit les yeux aux autres puissances, et le souverain de Rome craignit sans doute que l'exemple d'*Henri* ne devînt contagieux. Il montrait aux rois un moyen facile d'accroître leurs revenus.

La réformation d'*Henri VIII* fut suivie d'exécutions sanglantes. C'étaient des crimes inutiles, car le peuple anglais n'avait jamais aimé les papes ; mais ce prince était cruel par caractère. Il eut six femmes, il en répudia trois, en fit mourir deux sur l'échafaud. On l'a comparé à *Louis XI*. Ce n'est point sous ce rapport que le parallèle a de la justesse, ni sous celui de la religion : celle de *Louis* fut minutieuse et peu éclairée, et l'on a droit de penser qu'*Henri* n'en eut point. Sous le règne d'*Edouard VI*, des mécontens prirent la religion pour prétexte, et troublèrent la tranquillité dont jouissait l'Angleterre. A sa mort, *Jeanne Gray* est forcée de prendre la couronne, qui lui est enlevée ainsi que la vie par la sanguinaire *Marie*. Celle-ci livre aux flammes un grand nombre de partisans de la nouvelle religion. Elle avait épousé *Philippe II*, roi d'Espagne, qui la méprisa; elle inspira à ses sujets le même sentiment. *Elisabeth* fixa la religion anglicane et la lithurgie, ne persécuta personne pour la religion; elle gouverna avec habileté ; et, sans l'exécution odieuse de *Marie Stuart*, sa gloire n'aurait pas de tache. Dans cette princesse finit la maison de Tudor. En parlant des cruautés d'*Henri VIII* et de *Marie*, *Voltaire* fait cette réflexion : *il faut avouer que, si les Anglais font peu de cas de la vie, leur Gouvernement les a traités selon leur goût.*

Dans le siècle des Tudors, trois reines ont été

décapitées. Des historiens ont remarqué que, chez le peuple d'Angleterre, plus de têtes couronnées ont été portées sur l'échafaud que dans tout le reste de l'Europe ensemble.

L'infortunée famille des *Stuarts* commence à occuper le trône dans la personne de *Jacques Ier*, roi d'Ecosse, fils de *Marie Stuart*, et désigné, dans le testament d'*Elisabeth*, comme son successeur, ce qui prouve que la succession à la couronne n'était pas encore soumise à des lois fixes. *Jacques* soutint la religion anglicane sans persécuter l'autre. Ce fut son seul mérite; il ne fit ni bien ni mal à l'Angleterre, qui prit le nom de *Grande-Bretagne* par la réunion de l'Ecosse. L'exécution légale, faite par suite de l'horrible conspiration des poudres, est le seul reproche qu'on fasse à la mémoire de ce prince, et ce reproche n'est fondé qu'autant qu'on veuille jeter des doutes sur la réalité de l'attentat.

Charles Ier, dont la fin fut si tragique, commença par demander au parlement des subsides qu'on lui fit acheter par des concessions préjudiciables à l'autorité royale. *Charles* fit mettre en prison deux membres de la chambre des communes, qui accusaient *Buckingham*, favori du prince; il les relâche ensuite; mais le mal était fait, les sujets mécontens. Le roi casse le parlement, en convoque un nouveau, qui vote que la loi d'*habeas corpus* ne peut recevoir d'atteinte, et blâme plusieurs opérations du prince. Ce second parlement est congédié. Les impôts sont un autre sujet de querelle. Les rois avaient besoin d'argent, et le peuple n'en donnait pas. La lithurgie et la réforme qu'on voulut introduire en Ecosse, y soulèvent le peuple. La chambre des communes loue la conduite des Ecossais. *Charles* casse une troisième fois le parlement; mais c'est pour en convoquer maladroitement un quatrième. Toutes les factions religieuses et politiques paraissent : les catholiques d'Irlande veulent se soustraire à la domination anglaise. Le parlement dicte des lois à *Charles;* il use d'une sévérité qui le rendit odieux et bientôt méprisable, parce qu'elle ne fut pas soutenue. *Charles* n'avait point de caractère, ce fut la cause de tous ses malheurs. Deux armées se forment, l'une aux ordres du roi, l'autre suit l'étendard du parlement révolté. *Charles* est vainqueur, mais ne sait point tirer parti de la victoire; il négocie au lieu d'en profiter. Les vaincus réparent leurs pertes et battent le parti royaliste, commandés par l'artificieux *Cromwell*, qui, par une hypocrisie bien calculée, marchait insensiblement à la souveraineté. *Charles* se livre aux Ecossais, qui se couvrent de honte en le remettant au commissaire du parlement anglais pour une somme d'argent. *Cromwell* fait demander par l'armée le jugement du roi; le parlement est étonné d'être allé si loin : il hésite; il refuse : on exclut un grand nombre de ses membres. La chambre basse déclare que la souveraineté réside originairement dans le peuple, et que ses représentans avaient l'autorité légitime. *Charles* est condamné à mort; il la reçoit avec une courageuse fermeté. Ce prince avait en horreur les mesures rigoureuses; s'il eût été d'un caractère moins doux, il n'eût point perdu la couronne. Dans des événemens pareils, la faiblesse est, de tous les défauts, le plus dangereux; elle fait toute la force des lâches. Un attentat du même genre a souillé récemment un autre sol. Les deux rois, leur caractère, leur bonté, la conduite qu'on a tenue envers eux se ressemblent tellement qu'en lisant l'histoire de l'un, on connaît celle de l'autre; il paraît prouvé aujourd'hui que le Gouvernement qui donna cet exemple unique jusqu'alors en Europe, ne fut rien moins qu'étranger à la sanglante imitation qui en a été faite. Quoi qu'il en soit, aux Anglais appartient incontestablement l'invention.

Cromwell succède à *Charles*, non avec le titre de roi, mais avec plus d'autorité que n'en avait eu ce monarque, et que n'en ont beaucoup d'autres. Il détruit le parlement à qui il devait son élévation : il en forme un autre tiré des dernières classes du peuple. Le plus connu des membres était un marchand de cuirs. Nous avons oublié de dire qu'il avait créé une compagnie d'*aplanisseurs*, gens qui, n'ayant rien à perdre, demandent l'égalité; il les disperse dès qu'ils ne lui sont plus utiles; il brise ainsi tous les instrumens dont il s'est servi, et règne impunément dans le pays le plus facile à révolter, et le plus difficile à gouverner. Si sa fortune est extraordinaire, la conduite qu'il tint étant sur le trône ne l'est pas moins. Il mène une vie simple et frugale; ses mœurs sont austères; il est économe sans avidité, exact et laborieux; tolérant tous les cultes, il n'en favorise aucun. Les anciens pairs du royaume vivent dans leurs terres; il ne trouble point leur tranquillité. L'ordre qu'il met dans les finances, la tenue des troupes toujours payées un mois d'avance, l'augmentation de la marine, l'administration générale soignée, la police bien faite, placent l'Angleterre dans un tel degré de puissance, que les peuples de l'Europe recherchent son alliance. Il humilie la Hollande et la force à faire une paix onéreuse. Il soumet entièrement l'Irlande; il bat l'Espagne et lui enlève la Jamaïque. C'est du protectorat de *Cromwell* que les Anglais datent l'époque du rôle qu'ils ont joué depuis dans les affaires de l'Europe. On remarque qu'aucun de ceux qu'il associa à son gouvernement ne s'enrichit, et que le trésor public était toujours plein. Voyez *Cromwell* obscur pendant les quarante-deux premières années de sa vie, sans aucun emploi, nommé membre de la chambre des communes qui lui donne une commission de major de cavalerie, parvenu ensuite à maîtriser le parlement et l'armée, battre *Charles Ier*, le faire condamner à mort; vaincre le fils de ce roi et détruire son parti; enfin gouverner l'Etat avec sagesse : comparez ses discours grossiers, le genre de vie qu'il a mené avant d'être sur le trône, avec la conduite qu'il tient, et sur-tout avec les résultats de son gouvernement, et convenez que *Cromwell* est un phénomène inexplicable. On dirait, par la manière dont il a vécu étant protecteur, qu'il a voulu régner pour le bien de son pays. La vérité de l'histoire exige, dans celui qui la recherche, beaucoup de bonne foi. Pour considérer cet usurpateur sous son véritable point de vue, il faut oublier ces morceaux éloquens que tout le monde sait, et dans lesquels le talent de l'orateur s'est exercé avec un succès incontestable; il ne s'est occupé que des crimes, parce que malheureusement les crimes prêtent à de beaux mouvemens oratoires. *Voltaire* est plus juste en disant que *Cromwell* a couvert des qualités d'un grand roi tous les crimes d'un usurpateur.

Richard, fils de *Cromwell*, n'avait ni les vices, ni les talens de son père ; il eut le bon esprit de rentrer dans l'obscurité. Un nouveau parlement reconnaît *Charles II*, qui se distingue par son goût pour les plaisirs. C'était mal profiter des leçons de l'expérience. La guerre avec la Hollande, des troubles de religion, des querelles suscitées au frère du roi, font prendre à ce prince le parti de casser le parlement et de n'en plus assembler. *Charles*, indifférent sur toutes les religions, n'en protégea, ni n'en proscrivit aucune; mais *Jacques II*, son frère et son successeur, voulut rétablir le catholicisme; ce fut la cause de sa chute. Les principaux mécontens vont trouver le prince d'Orange qui débarque en Angleterre, détrône le roi dont il était le gendre, et lui succède sous le nom de *Guillaume III*. *Jacques II* profita de la liberté qu'on lui laissa de se retirer en France. Cet événement fut d'une grande importance dans un pays accoutumé cependant à de pareilles révolutions. Le parlement britannique propose au prince d'Orange les conditions auxquelles on lui donnait la couronne. Il fixa les bornes du pouvoir royal et celles des prétentions du peuple. *Guillaume* accepta, et fut choisi pour régner, ainsi que *Marie*, fille du roi *Jacques*. Une convention de cette espèce ressemblait un peu aux conditions que les électeurs d'Allemagne faisaient signer aux empereurs; conditions qui n'étaient jamais tenues. Mais *Guillaume* avait l'exemple de *Charles Ier*, celui de son beau-père ; il régnait sur un sol fertile en rois détrônés : la crainte de l'être à son tour, était une garantie pour le parlement. Sous ce roi, l'on commença à pratiquer l'usage d'acheter la majorité des membres ; usage qui modifiait les conditions qu'on avait imposées au prince, et qui subsiste de nos jours. Le règne d'*Anne*, femme de *Guillaume*, fut glorieux à l'Angleterre, mais agité dans l'intérieur par les factions des *Whigs* ou partisans du peuple et des *Torys*. Cette princesse est la dernière de la maison de *Stuart*, que ses malheurs ont rendue célèbre. Elle vient de finir dans la personne du cardinal d'Yorck et dans celle du comte d'*Albani*, mort en 1786 ; c'est le dernier prétendant ; le vin et le jeu lui faisaient oublier que ses aïeux avaient régné. Quand on se console de cette manière, la fortune est justifiée.

La cinquième dynastie est celle qui règne aujourd'hui. Une loi de *Guillaume* déférait la couronne à la ligne protestante, ce qui exclut le prince de Galles. *Georges Ier*, de la maison de Brunswick, électeur de Hanovre, fils d'une petite-fille de *Jacques Ier*, fut, en vertu de cette loi, appelé au trône d'Angleterre. Il règne treize ans. Les règnes de son fils *Georges II* et de *Georges III*, qui gouverne depuis un demi-siècle, ne sont remarquables que par des discussions parlementaires et par la direction donnée à la politique du cabinet de Londres ; le mystère et la mauvaise foi paraissent en être l'ame. Les Anglais ont toujours, dans le dernier siècle, commencé les hostilités long-tems avant la déclaration de la guerre. Ils s'emparaient de vaisseaux qui voguaient sur la foi des traités, et dont l'équipage, conduit dans les ports anglais, apprenait avec surprise que la paix subsistait toujours.

Ce ne sont point des accusations vagues et des déclamations oiseuses que nous nous permettons contre nos ennemis, et nous nous garderons de suivre l'exemple qu'ils nous donnent depuis long-tems. Nous n'énonçons rien sans preuves, nous citons des faits : nous pourrions en offrir un bien plus grand nombre.

On sait que, dans le dernier siècle, les Anglais firent beaucoup d'expéditions maritimes dont le but était l'accroissement des sciences astronomiques, naturelles et physiques, et principalement la découverte de nouvelles terres. Sous ce rapport, le monde savant leur devrait de la reconnaissance pour un but aussi louable : mais ce sentiment est détruit par la certitude bien acquise qu'ils voulaient concentrer dans leur île les résultats de leurs découvertes, et défendaient toute espèce de communication, même celles relatives aux sciences et aux arts, que les nations policées ne se refusent point, en paix comme en guerre. La privation d'un bien pouvait être un mal : mais ils ont été plus loin. Non contens d'interdire aux puissances continentales ces communications, ne voulant point avoir l'air de les refuser, ils ont pris un moyen qui pouvait causer un mal réel. C'était de faire imprimer des relations fausses, et des cartes pleines d'erreurs, de leurs voyages maritimes, et de les colporter sur le continent. La confrontation de ces cartes, faite avec celles conservées à Londres, a mis la fraude dans tout son jour. Le même principe guide les Anglais dans leurs relations politiques et commerciales. Continuons.

Lors de la première coalition, le Gouvernement de la Grande-Bretagne fournit son contingent de troupes aux alliés. Les journaux publient en Angleterre la liste des morts et des blessés. Comme le nombre en était considérable, il y eut des murmures. Pour en faire cesser la cause, voici ce qu'imagina le ministère. Les agens qu'il avait à Paris, à force d'intrigues et d'argent, obtinrent la loi qui défendait de faire des prisonniers anglais. Alors le cabinet de Londres invita les puissances coalisées à mettre les troupes anglaises au quartier de réserve. Depuis, elles furent toujours placées sur les derrières de l'armée; et, comme elles ne combattirent plus, il y eut moins de morts et de blessés. Il résulta de cette intrigue que nous eûmes l'odieux d'une loi barbare qu'on fit chez nous, et que les soldats de la Grande-Bretagne coururent moins de risques. Le cabinet de Londres, avec les mêmes principes, a fait prendre les armes contre nous aux puissances continentales. En dernière analyse, c'est au système du Gouvernement britannique que les rois de Portugal, de Naples, de Sardaigne doivent la perte de leur couronne; la Prusse et l'Autriche l'invasion de leurs Etats, l'affaiblissement de leur puissance, et les Français leurs succès et leurs conquêtes.

Nous venons de voir par quelle suite d'événemens, de révolutions et de règnes agités, l'Angleterre est arrivée à l'état florissant dans lequel elle est depuis un demi-siècle, et à la constitution dont elle se vante; elle est en effet particulière et ne convient qu'au peuple de ce pays. Les Anglais ont conservé leur caractère inquiet, turbulent, ombrageux; c'est à ces défauts que sont dues les catastrophes sanglantes qu'on lit dans leur histoire. Ces défauts n'excluent pas des qualités estimables, et quoique Français, on doit être impartial et véridique envers son ennemi. Il fallait une constitution qui dissipât les méfiances et convînt au caractère national. L'Anglais ressemble à un malade capricieux et délicat dont la guérison exige dans le médecin beaucoup d'habileté pour déguiser les remèdes curatifs. Le mot de liberté avait un pouvoir magique aux yeux des insulaires; il fallait avoir l'air de conserver cette liberté dans toute son étendue, de l'investir d'un appareil extérieur qui parût la garantir, et de prendre en même tems des moyens sûrs pour la réprimer quand elle voudrait sortir des bornes dans lesquelles on voulait la restreindre : de là cette fameuse loi d'*Habeas Corpus*, qu'on se réserve de suspendre, suivant des circonstances réelles ou feintes, et qui sont toujours à la disposition d'un Gouvernement. Un Anglais n'est pas plus libre de fait que tout autre Européen; on a eu l'art de lui faire croire qu'il l'était davantage. Il ressemble à l'oiseau dont les ailes sont coupées, qui peut voltiger çà et là et qu'on reprend quand on veut. Un des actes les plus fameux de cette liberté est de pouvoir insulter impunément les princes du sang, et de n'être pour ce fait que justiciable des tribunaux ordinaires, comme s'il ne s'agissait que d'une querelle entre particuliers; le prince, en paraissant devant des juges, soit en personne, soit par celui qu'il y envoie, semble être l'égal de l'accusateur. Cette égalité prétendue cause aux Anglais un plaisir difficile à peindre ; tous vous citent cette circonstance avec orgueil. C'est, au fait, un privilége puéril que d'insulter un prince ou un ministre, privilège qui ne prouve que de la grossièreté. dans celui qui en jouit. Jamais on n'a vu un abus corrigé pour avoir injurié un grand ou un ministre. Les Anglais ont déclaré la personne du roi sacrée : c'était un peu tard ; elle l'était dans toute l'Europe. Il est des crimes contre lesquels on ne prend aucune précaution, parce qu'on n'en soupçonne pas la possibilité.

La lettre de la loi a pour eux une importance dont ils se glorifient : on en va voir l'avantage. Il y a telle peine contre un *homme* qui vole un cheval; une femme en enlève un : elle est citée devant le juge et déclarée innocente. Il s'agissait d'une femme, et la loi ne parlait que de l'homme. Il en fallait une autre pour l'appliquer aux voleuses. Ce sont là d'absurdes puérilités! Du moment où ce n'est plus l'esprit de la loi qui guide dans les jugemens, mais le texte, il faudrait une multitude de lois applicables à toutes les chances possibles de la vie; et le coupable n'a qu'une étude à faire pour rester impuni : c'est de combiner les circonstances de son crime de manière à ce qu'elles ne soient pas toutes prévues dans le texte de la loi; un moyen de l'éluder est toujours victorieux. C'est un genre de liberté fort peu digne d'envie. Avec toutes ses prétentions à la liberté, le peuple anglais n'en est pas moins de toute l'Europe celui au milieu duquel on exerce paisiblement l'acte le plus arbitraire. Il s'agit *de la presse* ou de l'enlèvement des jeunes gens pour la marine. On n'observe aucune formalité : il n'y a point les chances du sort et cette espérance qui les accompagne toujours ; c'est un enlèvement pur et simple. Pour le faire impunément, on a usé de beaucoup d'adresse ; le commerce est, après la liberté, le mot qui a le plus d'empire sur les Anglais : mais l'un a plus de réalité que l'autre. Tout ce qui pourrait heurter ces deux grands intérêts causerait inévitablement des révoltes, et par une suite nécessaire, on est disposé à tous les sacrifices exigés pour ce commerce et cette liberté. Il s'agit de bien lier l'un ou l'autre aux mesures que l'on prend ; et l'on est obligé d'avouer que le gouvernement britannique se conduit là-dessus avec une heureuse habileté.

L'exercice de cette liberté, plus vantée que réelle, se fait remarquer dans les élections ; elles sont toutes tumultueuses. La vénalité des suffrages peuple le parlement, et dans les deux chambres fait la force du parti ministériel. Le peuple est bien libre d'élire qui bon lui semble ; mais un bon dîner donne un grand mérite, et l'Amphitryon est nommé : d'où la liberté consiste à donner son suffrage à celui qui paie le mieux. C'est, en dernier résultat, le plus fort ; car, dans les Etats civilisés, l'argent est ce qu'est la force dans l'état de nature et chez les sauvages.

Cette grande égalité dont les Anglais se glorifient tant, est, heureusement pour eux et pour l'ordre social, une chimère : elle n'existe pas plus sur le sol britannique que sur le sol continental. Mais un crocheteur se croit l'égal d'un prince, parce que le résultat d'une insulte est d'aller devant un tribunal!

Les sciences et les arts ont fait beaucoup de progrès dans la Grande-Bretagne ; c'est véritablement sous ce rapport que les Anglais peuvent avoir un orgueil légitime ; mais par une bizarrerie de l'espèce humaine, nos prétentions sont en raison inverse de notre mérite, et moins nous avons de droits à une chose, plus nous y attachons de prix. Riches de nos dépouilles et de nos pertes, les Anglais offrirent sagement un asyle à la multitude d'artistes et d'ouvriers que l'impolitique révocation de l'édit de Nantes força d'abandonner leur patrie.

C'est dans les arts utiles ou agréables, dans les sciences, dans les lettres, que les Anglais sont nos rivaux ; ils créent peu, mais perfectionnent ; ils ont la patience qui nous manque : nous avons le génie qu'ils n'ont pas ; ils s'approprient une découverte avec une louable activité, parce que les inventions utiles doivent être le patrimoine du genre humain ; ils la modifient, l'étendent et la font presque parvenir au dernier degré de perfection : tout ce qui n'est qu'observation, tout ce qui demande des soins assidus, est de leur ressort ; le nôtre est dans l'invention. Si l'on avait fait au commencement de ce siècle une revue exacte des arts et des manufactures dans la Grande-Bretagne, si l'on avait retranché tout ce qui a une origine française, on aurait été surpris de l'appauvrissement où se serait trouvé ce pays ; mais nous aurions été forcés d'avouer en même tems que plusieurs de ces arts, nés en France, ressemblaient à l'étymologie de certains mots qui n'ont plus avec leurs dérivés qu'une analogie indirecte. Depuis dix ans environ, les mêmes arts et nos manufactures ont fait en France de rapides progrès : les différentes expositions des produits de l'industrie française ne laissent aucun doute, et font espérer la réunion du génie qui invente et de la patience qui perfectionne.

Telle est l'idée que, d'après un examen impartial, l'on peut se faire de l'Angleterre, considérée sous plusieurs rapports. L'influence du Gouvernement de ce pays s'est fait sentir d'une manière funeste pour plusieurs puissances du continent; elle a causé de grands changemens, parce qu'on a beaucoup de moyens toutes les fois qu'on est peu délicat sur le choix et l'emploi qu'on en fait; mais un pareil système ne peut avoir qu'une courte durée. Quant à leur marine, rappelons-nous que, par les soins de *Colbert* et de *Seignelai*, *Louis XIV* eut pendant long-tems l'empire des mers. La France est beaucoup plus puissante qu'elle ne l'était sous ce monarque; ses destinées sont plus brillantes, ses frontières sont reculées, sa gloire a plus d'éclat, ses armées sont plus nombreuses; il serait absurde de mettre en doute le retour de l'empire perdu sous les successeurs de *Louis*.

CHAPITRE X.

DE LA FRANCE.

Nous terminons cette revue par l'article le plus intéressant pour nous ; celui de la France, le pays que l'homme impartial préférera toujours à tous les autres, parce que celui-là seul rassemble les contrastes les plus opposés, parce que le climat sous lequel il est situé réunit aux extrêmes toutes les nuances intermédiaires, parce qu'enfin les hommes qui l'habitent, modifiés par cette variété, offrent un mélange d'avantages qui, dans le reste du monde, sont séparés par de grandes distances; là se trouvent le génie, le goût des arts, l'industrie, l'amour des sciences, le commerce, la civilisation parvenue au plus haut degré relativement à celle des autres peuples, l'urbanité, les qualités aimables, celles qui sont plus austères ; en un mot, l'exercice le plus étendu des facultés intellectuelles, et de tout ce qui donne du prix à la vie.

La variété du climat, depuis la Hollande jusqu'aux Pyrénées, est telle qu'il n'est point d'étranger qui ne retrouve sur le sol français ce qui lui plaisait sur le sien.

Dans quelque genre que ce soit, les Français offrent des modèles ; il en est pour lesquels ils n'ont point de rivaux. La prétendue supériorité des Anglais dans plusieurs arts nous est due ; répétons encore que ce sont des Français réfugiés, après la révocation de l'édit de Nantes, qui portèrent leurs talens et leur industrie chez nos éternels ennemis; ce sont encore des Français qui, séduits par l'appât de l'or, ont été, vers la fin du dernier siècle, se mettre à la tête des manufactures anglaises.

Ce langage n'est point dicté par l'enthousiasme. Notre opinion est le résultat motivé du parallèle que nos recherches nous ont mis à même de faire entre les autres nations et la nôtre; c'est en étudiant leurs annales, leurs mœurs, leurs usages, leur Gouvernement, que nous avons trouvé de nouvelles raisons de préférer la France sous ces différens rapports.

Les Français, comme les autres peuples, ont eu quelques tyrans; *Louis XI*, *Charles IX*, les ministres avec leurs lettres-de-cachet: mais convenons que nos historiens ont quelquefois donné ce nom de tyran à des rois dont l'occupation fut de retirer leur pouvoir des mains qui l'avaient envahi, de la classe intermédiaire entre le souverain et le peuple. Le farouche *Louis XI*, *Richelieu*, abattirent l'orgueil des grands, restreignirent leurs droits, annulèrent leurs prétentions; les vrais tyrans étaient cette noblesse.

Les commencemens de toutes les annales sont obscurs et fabuleux; ils ressemblent aux généalogies des grandes familles; on y trouve le premier qui s'illustra, mais jamais il n'est question du père de celui-là. Les troubles, les divisions, l'anarchie des premiers tems de notre monarchie, la faiblesse des rois qu'on rasait pour les enfermer dans des monastères, produisent un conflit d'évènemens isolés, et conséquemment sans intérêt, de crimes et d'horreurs, dont le récit nous entraînerait hors du cadre que nous nous sommes tracé, et serait ici sans aucun fruit pour nous.

Parcourons rapidement nos annales; nous ne parlerons ni de *Pharamond* ni de ses successeurs, jusqu'à *Clovis*, que nous regardons, avec toutes les personnes sensées, comme le fondateur de la monarchie française, et le chef de la première race. Ce prince, en se faisant catholique, gagna le clergé, et par le clergé beaucoup de partisans : alors la soumission des pontifes entraînait celle du peuple; il employa ensuite tantôt la ruse, tantôt la force, pour se défaire d'une multitude de petits princes dont il était environné. Si le tems dans lequel il vivait et les circonstances où il se trouvait rendent, comme on l'a prétendu, sa cruauté excusable; du moins est-on en droit de croire que le catholicisme ne fut, entre les mains de *Clovis*, qu'un moyen calculé d'augmenter sa puissance. A sa mort, il partagea la France en quatre royaumes (Metz, Orléans, Paris, Soissons), pour ses quatre enfans, faute impardonnable dans un roi dont la conduite était politique. *Clovis* posséda des charges dans l'empire romain; il s'en servit, en profitant de la disposition des esprits, pour achever la conquête des Gaules.

Sous ses successeurs, l'autorité des maires du Palais s'accrut au point de rendre l'autorité royale entièrement nulle. Les premiers ministres ont depuis été, comme les maires, dépositaires de cette autorité, témoin *Richelieu* et *Mazarin;* mais la différence des tems empêcha ceux-ci d'avoir l'idée de joindre le titre au pouvoir, projet qui eût été le comble de la démence.

Pepin et *Charles Martel* sont les plus célèbres des maires du palais. Du règne de *Dagobert Ier* (628) date le commencement de la décadence de l'autorité royale. Après la mort de ce prince, la puissance des maires ne fit qu'augmenter.

La première race, dite des Mérovingiens, occupa le trône deux cent soixante-dix ans. Le partage de la monarchie en plusieurs royaumes, les divisions entre ces petits rois, l'agrandissement du pouvoir des maires, durent nécessairement causer la faiblesse du Gouvernement, et cette faiblesse sa ruine totale.

Deuxième race. — *Pepin* est le premier roi de la seconde race; il se fit proclamer à Soissons. Pour affermir sa couronne, il se servit avec beaucoup d'habileté du pape, des circonstances et du caractère de la nation. Remarquant l'activité des Français, il sentit qu'il fallait souvent les occuper. En conséquence, il tint de fréquentes assemblées et fit entreprendre beaucoup de guerres, et presque toujours avec succès. C'est à ce prince, ainsi qu'à son fils *Charlemagne,* qu'on fait remonter, comme nous l'avons dit, non l'autorité des papes, qui ne fut jamais aussi grande que lorsqu'elle était chimérique, mais ce qui ne contribua pas peu à cette autorité, les biens dont ils devinrent possesseurs, que *Pepin* leur donna, qui leur furent contestés, que la prescription leur assura. Avant ce prince, ou plutôt avant *Constantin*, qui dota l'église de Rome, les successeurs de Saint-Pierre n'avaient d'autre propriété que la charité des fidèles, fonds peu sûr et sujet à de grandes variations.

Le règne de *Charlemagne* est le plus intéressant de cette période et peut-être de tous ceux de l'ancienne monarchie française, au moins sous plusieurs rapports. Un prince conquérant, embrassant d'un seul regard une multitude d'Etats pour n'en faire qu'un, afin de mettre un terme aux guerres qu'ils se faisaient, et formant un vaste empire, est un spectacle rare dans l'histoire des hommes. Ce qui prouve la bonté du système de *Charles*, ce sont les résultats; les voici, je les prends dans l'histoire : *Les pays qui composent aujourd'hui la France et l'Allemagne furent tranquilles pendant près de cinquante ans, et l'Italie pendant treize depuis l'avènement à l'Empire. Point de révolution en France, point de calamité pendant ce demi-siècle, qui par là est unique* (1).

On reproche à *Charles* des cruautés et quelques injustices; il dépouilla ses neveux, mais ils s'opposèrent à ses vues; et dans un intérêt général, on compte pour rien le froissement des intérêts particuliers.

Pour achever la conquête de la Germanie, il usa d'un moyen qu'on n'a point vu employer dans les tems modernes : ce fut de transporter dans la France

(1) *Histoire générale*, chap. 12.

et dans l'Italie dix mille familles saxonnes, et d'établir à leur place des colonies de Francs; de cette manière, il peuplait un sol ennemi de sujets fidèles et rendait des rebelles impuissans et même utiles. Nous trouvons d'autres preuves de sa politique dans toute sa conduite, et particulièrement lorsqu'il fit déclarer son fils empereur de son vivant; mais il commit deux grandes fautes en laissant Rome libre et en donnant le royaume d'Italie : c'était déjà démembrer l'Empire. Malgré ces fautes, ses projets furent si bien conçus qu'ils donnèrent les résultats que nous venons d'énoncer.

Charles eut une marine; elle consistait dans de grands bateaux armés qu'il tenait aux embouchures des fleuves et des rivières, usage inconnu avant et perdu pendant un long espace de tems après ce conquérant; le vaste empire qu'il avait fondé, et qui donna la paix à l'Europe, fut héréditaire, parce qu'il l'avait conquis. Il ne devint électif que lorsqu'il passa aux Allemands. L'incapacité des descendans de *Charles* et les partages firent perdre l'Empire à la France.

La race des Carlovingiens a régné deux cent trente-six ans, depuis *Pepin* (751) jusqu'à *Louis V*, dit *le Fainéant* (987). Pendant cet espace de tems, elle a donné treize rois. Je ne compte point ceux qui gouvernèrent ensemble.

Les guerres intestines et la trop grande puissance des seigneurs à la cour produisirent sous la seconde race des effets pareils à ceux qu'avait occasionnés la fainéantise des rois de la première. Voici ce qui distingue ces deux dynasties l'une de l'autre. La première offre des meurtres, des adultères, des parricides. Le désir que les rois avaient d'étendre leur monarchie naissante leur fit négliger les lois et les réglemens. La piété malentendue des princes de la seconde race causa des guerres; mais aux succès de leurs armes, ils joignirent la prudence et des édits qu'ils rendirent pour la police de leur royaume: ainsi ils firent venir les lois au secours des armes. Les premiers rois de la troisième race firent tout le contraire; ils défendirent leurs lois par les armes, employant la force ouverte quand ils ne pouvaient réussir par la politique. Ainsi le caractère de la seconde dynastie est dans la force des armes secourue par les lois, et celui de la troisième dans la force des lois soutenue par les armes.

On a remarqué que les véritables conquérans étaient ceux qui savaient faire les lois : la puissance de ceux-là est stable, les autres sont des torrens qui passent. Il n'y a point de conquérant qui ne soit grand politique; et, comme l'a dit *Voltaire*, un conquérant est un homme dont la tête se sert avec une habileté heureuse des bras d'autrui. Tel fut *Charlemagne*. Sans l'éclat de son règne, ses premiers successeurs seraient dans l'oubli.

Troisième race. — Cette dynastie, dont nous pouvons considérer l'ensemble, est sous beaucoup de rapports digne d'un vif intérêt. D'abord les événemens qui se sont passés pendant qu'elle occupa le trône ont plus de certitude que ceux qui les précédèrent, principalement dans les siècles plus rapprochés de nous; ensuite elle offre plusieurs princes qui méritèrent le nom de grands ou surent l'art de gouverner; des actions mémorables, des faits, des lois dont l'influence se fait sentir encore; enfin, le commencement et la fin de cette race réclament également l'attention.

Hugues-Capet, chef de la troisième dynastie, duc de France et comte de Paris, enleva la couronne à *Charles*, oncle du roi *Louis V*, à qui elle aurait incontestablement appartenu si l'on eût suivi le droit de succession. La cause pour laquelle *Charles* fut privé du trône, ce fut, comme l'a dit un historien, *ce qui fait et défait le rois, la force aidée de la prudence*. La force fit donc monter *Hugues* sur le trône en 987, la faiblesse en précipita son dernier descendant huit siècles après.

Hugues-Capet fut d'abord vaincu par *Charles*, à qui la couronne devait appartenir; mais s'étant ensuite emparé de ce prince, il n'eut plus de rival. L'autorité de *Hugues* n'était pas celle d'un roi; il fallait l'augmenter. L'entreprise était difficile. Plusieurs seigneurs se partageaient la France; l'un d'eux portait le titre de roi sans être souvent le plus puissant, témoin *Louis IV*, ou *d'Outre-Mer*, *Lothaire* et *Louis V*, dont le pouvoir était inférieur à celui de *Hugues*, sans la protection duquel *Lothaire* n'eût pas eu la couronne. *Hugues* devait donc se servir d'exemple à lui-même pour empêcher qu'on n'imitât sa conduite. La position de ce prince était embarrassante; naguère il se trouvait l'égal des grands dont il venait de devenir le roi; leur réunion le perdait: que fit-il? il entretint la division entr'eux et les fit battre sans se mêler de leurs querelles.

Le règne de *Hugues-Capet* nous fournit deux observations : l'une sur les droits à la couronne, dont nous avons parlé chapitre Ier; l'autre sur l'hérédité qui sert de base à ces droits et serait le premier de tous si les suffrages de tout un peuple ne passaient avant. « La race carlovingienne, détrônée » en France, a dit un écrivain (1), faisait voir ce » que pouvait la force contre le droit du sang. » *Edouard-le-Confesseur* n'avait pas joui du trône » à titre d'héritage : *Harold*, successeur d'*Edouard*, » n'était pas de sa race; mais il avait le plus incon- » testable de tous les droits, les suffrages de toute » la nation. »

Ces suffrages font la force ou y suppléent. Rappelons un fait qui ajoutera une nouvelle preuve à ce qui a été dit sur les droits. En 1216, la noblesse d'Angleterre députa vers *Louis* de France le général *Robert* et le comte *Winchester* pour offrir la couronne à ce prince; ils lui présentèrent des lettres signées de la plus grande partie des seigneurs anglais. *Louis* avait en outre un droit réel sur cette couronne du chef de *Blanche* de Castille, sa femme, fille d'*Eléonore* d'Angleterre, sœur de *Jean*, que l'on venait de déposer. Il passe la mer, met en déroute l'armée du roi *Jean*, se fait proclamer à Londres, y reçoit le serment des habitans, les hommages du roi d'Ecosse........ Qui ne le croirait roi d'Angleterre d'après ce succès et ce double droit? La fortune change; il perd le trône, malgré ses droits; il est trop heureux d'obtenir, par le traité de

(1) Voltaire, *Essai sur l'Histoire générale*, chap. 38.

Londres, la liberté de repasser la mer et de revenir en France, d'où il n'eût pas dû sortir sans une armée.

Hugues-Capet, une fois possesseur de la couronne avec une armée pour la défendre, des talens pour l'affermir, une politique habile pour en augmenter la puissance, fit un bien réel aux Français de la garder pour lui au lieu de la rendre à *Charles*, qui ne pouvait la défendre, et dont les fils étant morts sans enfans auraient causé le partage du royaume et une guerre civile. Ces principes énoncés à l'occasion du chef de la troisième dynastie ont été ou expressément ou tacitement admis dans les tems qui précédèrent les nôtres; autrement, il faut conclure que *Henri IV* et *Louis XVI* tenaient le trône d'un usurpateur, et que la couronne fut portée pendant huit siècles, par trente-deux rois à qui elle n'appartenait point: absurdité avancée cependant, au commencement de nos troubles, dans un tems où l'on semblait vouloir prouver qu'il n'est aucune folie dont l'homme ne soit capable.

Pour mieux assurer la succession et rendre l'hérédité moins douteuse, *Hugues* fit sacrer son fils, usage qui eut lieu sous plusieurs de ses successeurs; c'était réunir aux droits la possession qui les rend incontestables. Ce prince monta sur le trône le 3 juillet 987; ses descendans s'y sont maintenus jusqu'en 1792, c'est-à-dire pendant un espace de huit cent cinq années. Cette succession de rois dans la même famille, pendant huit siècles, est unique dans l'histoire.

Remarquons que plusieurs trônes de l'Europe

furent occupés par des princes de la maison de *Hugues* : de ce nombre sont le Portugal, qui fut gouverné par ses bâtards, l'Espagne et Naples qui les reçurent de la France. Nous avons donné des empereurs à l'Allemagne, deux dynasties à l'Angleterre, et un roi à la Pologne.

Robert, fils de *Hugues*, fut excommunié, ce qui n'empêcha pas de le mettre ensuite au nombre des saints ; cette contradiction est moins étonnante que l'effet de l'excommunication même qui éloigna du roi tout le monde, et le fit traiter comme un lépreux qu'on fuirait avec dégoût. Ce trait et le refus que fit ce prince de la couronne impériale et du royaume d'Italie sont les évènemens les plus notables du règne de *Robert*.

Pendant les huit siècles qui se sont écoulés depuis *Hugues* jusqu'à *Louis XVI*, il semble que, suivant l'ordre des choses qui, d'après les souvenirs des tems anciens, paraît ne donner qu'une durée plus ou moins longue aux monarchies les plus puissantes, il semble, dis-je, que la France doit offrir un phénomène particulier. Il est sans doute, dans ces huit siècles, des époques de gloire, de force ou de faiblesse : cette faiblesse ou cette force doivent avoir des causes ; cherchons-les pour notre instruction : trouvons dans le passé l'explication du présent et le gage de l'avenir. Les grandes fautes sont des leçons, et c'est ainsi que l'étude de l'histoire peut devenir utile.

A la fin du onzième siècle (en 1096) commence un grand évènement dû à la plus petite de toutes les causes.

Un pélerin, partit d'Amiens pour aller en Palestine, raconte à son retour, au pape *Urbain II*, les cruautés que les infidèles exerçaient à Jérusalem contre les chrétiens et les profanations faites dans les saints lieux. Le pape assemble un concile à Clermont; il envoie *Pierre l'ermite* (c'est le nom sous lequel est connu le pélerin qui s'appelait *Coucoupètre*) dans toutes les cours d'Europe. L'Occident s'arme contre l'Orient, et des millions d'Européens vont périr en Asie; c'est la seule fois que l'on ait vu des émigrations d'une partie du monde dans l'autre.

On se met en marche de tous les points : le rendez-vous était à Constantinople. La France donna l'exemple; cette folie fut répétée neuf fois pendant cent quatre-vingt-seize ans. Le sage *Louis IX* se mit à la tête des deux dernières croisades. Comme, indépendamment de la canonisation, *Louis* fut un grand roi, on ne sait trop comment expliquer sa conduite; il était éclairé pour le tems dans lequel il vivait, et ces deux voyages feraient douter de ses lumières. Quelques écrivains ont prétendu que le motif de ce prince était de diminuer l'autorité des grands en les emmenant à quelques centaines de lieues de la France. Dans cette supposition, on regarde ses croisades comme un calcul de la politique; mais, d'un autre côté, si l'on songe aux inconvéniens de l'éloignement du roi de France, aux risques que courait son pouvoir; si l'on veut ne pas oublier que l'enthousiasme était passé, que les princes voisins et rivaux n'étaient pas de l'expédition, que notre pays devenait une proie facile, puisque le souverain emmenait au loin l'armée avec lui, l'on conviendra sans peine que cette même politique, qui veut justifier son absence, lui commandait impérieusement de rester au milieu de ses sujets.

Quoique les croisades aient été communes à tous les princes chrétiens, cependant les Français y prirent plus de part que les autres. La première fut proposée par un Français, et résolue dans notre pays par un pape qui y était né; trois de nos rois passèrent la mer en personne, à la tête de leurs armées, et sept contribuèrent de leurs trésors et de leurs troupes; presque tous les vassaux de France en firent partie; enfin, les princes qui régnèrent dans la Palestine après la prise de Jérusalem étaient, pour la plupart, Français ou descendans des vassaux de la couronne, témoin le fameux *Godefroi de Bouillon*, premier roi de Jérusalem : ce sont sans doute là les motifs pour lesquels les peuples de l'Asie donnèrent le nom de *Francs* à cette réunion des nations européennes qui vinrent inonder leur territoire.

Les deux siècles pendant lesquels dura la manie des croisades forment, dans l'histoire, une époque qui n'a point de liaison avec ce qui précède ou ce qui suit; c'est une fureur qui s'empare subitement, à la voix d'un Picard, de tous les princes chrétiens, les fait sortir de leurs Etats pour se rendre dans des pays inconnus; cette folie devint même un point d'honneur, car *Philippe-Auguste* ne se croisa évidemment que pour satisfaire au préjugé.

Si l'on songe que dans ce douzième siècle, il n'y avait rien moins que la facilité des communications dont nous jouissons aujourd'hui; que les grandes routes n'existaient pas, qu'on n'avait pas l'idée de l'ordre suivi de nos jours pour la marche d'une armée, ses approvisionnemens répétés à des distances à-peu-près égales et calculées, ses gîtes, etc., on ne pourra trop s'étonner de voir partir à-la-fois, de plusieurs points de l'Europe, une multitude indisciplinée de peuples, le plus souvent ennemis, qui n'ont plus l'air que de faire un seul peuple, oubliant leur haine, leur rivalité, pour se mettre en marche, sans défiance les uns des autres, et se trouver au même rendez-vous; on conviendra que ce fait serait un des plus inexplicables de l'histoire, si l'on ne savait ce que causa l'enthousiasme de la religion.

Les croisades auraient eu nécessairement sur les Gouvernemens de l'Europe, une influence remarquable, si l'un des principaux rois, exempt de ce prétendu point d'honneur, n'eût point abandonné ses États. Celui-là serait bien évidemment devenu le plus puissant de tous. Mais tous, sans exception, se croisèrent. Une même cause qui agit sur tous les membres du corps politique, ayant sur chacun les mêmes effets, ne peut avoir qu'un résultat général. C'est un fardeau qui n'écrase personne, parce que le poids se distribue et se partage à-peu-près également sur tous ceux qu'il accable. L'Europe en masse se trouvait affaiblie : mais les nations de l'orient n'étaient pas tentées de refluer sur celles de l'occident. Comme la France fournit le plus de monde, on a lieu de présumer que ce pays fut plus épuisé que les autres.

Après cette période bien distincte, bien séparée des tems qu'elle suivit ou qu'elle précède, cherchons à former une époque caractérisée, soit par un grand évènement, soit par des mœurs particulières et qui n'appartienne à nulle autre époque. Cette marche est nécessaire pour expliquer ce que nous cherchons. Nous sentons bien que cet ordre est arbitraire. Un autre, avec plus de talens, fera une autre division, meilleure sans doute, et considérera les évènemens sous un aspect différent : mais dans le but que nous nous proposons, ces groupes de règnes et de siècles peuvent, sans inconvénient, se succéder de cette manière. D'ailleurs, nous parlons à des Français, et les souvenirs de leur histoire, de quelque manière qu'on les leur présente, ne peuvent être dénués d'intérêt.

Embrassons encore une période qui comprendra à-peu-près le même espace de tems, et jetons un coup-d'œil rapide sur ce qui se passa depuis 1270, sous *Philippe III*, dit *le hardi*, (sans qu'on sache pourquoi,) jusqu'à l'an 1461 que *Louis XI* monta sur le trône. Dix princes règnent dans cet espace de tems. Les démêlés entre *Boniface VIII* et *Philippe-le-Bel*, l'abolition des Templiers, l'élévation au trône de *Philippe VII*, chef de la branche des *Valois*, les guerres avec l'Angleterre, les règnes de *Charles V*, *Charles VI* et *Charles VII*, sont ce qui mérite le plus l'attention. C'est dans cette période que l'on vit la monarchie française à deux doigts de sa perte : dans une épouvantable anarchie causée par l'invasion des Anglais, et le conflit de deux guerres, l'une avec les ennemis, et l'autre entre les princes français ; toutes les deux fomentées par une reine couverte de crimes.

Philippe VI parvint de très-loin à la couronne, qui lui fut disputée par *Edouard III*, roi d'Angleterre, dont le droit ne fut pas reconnu. La France a presque toujours été malheureuse sous la branche des *Valois*.

Jean assembla tous les ans les États-généraux ou particuliers des provinces, ce qui ne rendit pas l'administration de son règne meilleure. Il perd, avec quatre-vingt mille hommes contre huit mille, la bataille de Poitiers, dans laquelle il fut fait prisonnier et conduit à Londres. Son absence fut le signal de la guerre civile. On a loué ce prince de sa bonne-foi, parce qu'après quatre ans de prison, étant de retour en France, il retourna à Londres, pour l'acquit de sa conscience. Son fils, qu'il avait mis en otage, s'était évadé. Mais on a prétendu que la probité le rappelait moins en Angleterre, qu'une inclination pour une femme qu'il avait aimée pendant sa captivité. Dans le fait, de pareils scrupules dans un roi sont fort déplacés, quand son ennemi le traite avec injustice, et quand la ruine de son peuple peut en être le résultat.

Ce qu'il y a de plus remarquable dans les deux siècles que nous parcourons, c'est l'irruption des Anglais pendant la démence de *Charles VI*, et leur expulsion sous le règne de son successeur appelé *le victorieux*, grâces à *la Pucelle*, à *Dunois*, à *la Hire*, à *Xaintrailles*, à *la Trimouille*, à *Richemont*, à *Penthièvre*, à *de Foix*, à *d'Armagnac*, en un mot à tous ces capitaines qui chassèrent l'Anglais de la France.

Remarquons que le caractère de nos rois contribua, pour beaucoup, à l'état de notre patrie qui passa tour-à-tour de la guerre à la paix, de l'ordre au désordre. A *Jean*, qui ne sait pas régner, et qui commet beaucoup d'imprudences, succède *Charles-le-Sage*, qui mérita ce titre, et mania le sceptre avec habileté. Il est remplacé sur le trône par un prince en démence : état qui n'excitait même pas la pitié, et causa tous les maux de la France. *Charles VII* lui succède; son goût pour les plaisirs l'aurait fait assimiler aux rois faibles et incapables, si ses généraux, par leurs exploits, ne lui eussent inspiré un peu d'émulation. Il eut au moins le bon esprit de ne pas les contrarier dans la conquête qu'ils firent de son royaume. On pourrait prolonger cette énumération de princes qui se succédaient et montraient un caractère différent, et opposer à *Louis XI*, *Louis XII*, à *Henri III*, *Henri IV*, à celui-ci *Louis XIII*, à *Louis XIII*, *Louis XIV*.

Passons maintenant à l'espace compris entre *Louis XI* et *Henri IV*; c'est-à-dire de 1461 à 1589.

Louis XI s'arma contre son père, et, par sa révolte, abrégea les jours de *Charles VII*. S'il fut mauvais fils, il ne fut pas un bon roi; mais nos historiens l'ont appelé tyran, et *Louis* valait mieux que sa réputation. C'est un des princes qui aient fait le plus de bien à la France. Sa politique fut astucieuse, parce qu'il n'était pas le plus fort. On ne peut aimer *Louis XI*, parce qu'étant superstitieux, cruel, il n'eut rien d'aimable : mais les historiens ont trop envisagé le mauvais côté : l'autorité royale fut agrandie ; le peuple vécut heureux. Ce sont-là des résultats incontestables. La grande méfiance du roi fut souvent justifiée.

La connaissance des évènemens qui se passèrent sous le règne de *Louis XI*, et celle de ses actions privées donnent lieu à cette remarque. C'est qu'on peut porter deux jugemens contradictoires sur ce prince, et tous les deux également fondés. Faut-il juger les rois d'après les résultats, d'après l'état de leurs peuples? alors, peu de princes méritent mieux que *Louis* nos éloges, par l'agrandissement de la France, par l'abaissement de la tyrannie féodale, par l'affermissement du trône. Faut-il les juger par quelques actions particulières ? c'est toute autre chose. Le nombre des seigneurs qu'il fit mourir, la recherche cruelle qu'il mit dans plusieurs exécutions les lâches plaisanteries dont ses victimes étaient l'objet, flétrissent sa mémoire. Mais la vie privée, les mœurs des souverains, leurs vices ou leurs vertus ne fixent notre attention qu'autant que, par-là, ces souverains eurent de l'influence sur les évènemens généraux, sur la situation de leur peuple. Or, *Louis XI* fut impunément, pour l'Etat et pour le peuple, parricide, cruel, farouche, superstitieux et puéril ; et, pour confondre les hommes sensés, tous ses vices et ses défauts ne l'empêchèrent pas d'être considéré comme un grand roi.

Louis a connu le secret de la politique. Si l'on étudie les mœurs du tems, on est bientôt convaincu qu'il n'employait l'artifice qu'à défaut de la force. Cependant on ne pourra jamais expliquer comment le méfiant *Louis XI* a pu se livrer à Péronne dans les bras de son ennemi. La politique de ce prince se remarqua dans les traités qui suivirent la guerre *du bien public*. Chaque chef avait un traité particulier que *Louis* accordait après avoir eu l'art d'isoler ce chef des autres. La concession faite au premier était en contradiction avec celle faite au second. De cette manière, le roi, qui était le plus faible contre les seigneurs réunis, devint le plus fort : il fit valoir les intérêts de l'un contre ceux de l'autre. Quoi qu'on en ait dit, cette manœuvre demandait de l'habileté. Par son succès, elle fit cesser la guerre qui aurait encore plongé le royaume dans l'anarchie.

Tel est le langage que l'impartialité nous a fait tenir sur *Louis XI* : si l'on voulait, en peu de mots, des résultats, nous présenterions la réunion de l'Anjou, du Maine, de la Provence, du Roussillon, de la Cerdagne, du Barrois, du comté de Boulogne et de l'Artois.

Charles VIII et *Louis XII* furent de mauvais politiques, et commirent plusieurs fautes dont la plus notable est la conquête de Naples, qui ne pouvait donner que de la gloire sans avantage, et qui ne procura ni l'un, ni l'autre.

La bravoure, la loyauté, la galanterie de *François Ier*, et son esprit chevaleresque le firent aimer de la nation. Dupe de *Charles-Quint*, il prouva que la bonne foi est, avec un fourbe, plutôt une duperie qu'une vertu. Cependant la recherche qu'il fit de *Soliman* pour son allié, et de quelques princes d'Allemagne, prouva qu'il ne manquait pas de politique. La fortune ne seconda pas toujours ni ses grands desseins, ni ses grandes qualités; mais la gloire ne dépend pas toujours du succès, et les revers de Pavie n'altérèrent point l'honneur français dans cette funeste journée, et ne flétrirent point les lauriers cueillis à Marignan. Rappelons-nous que, dans la lutte entre *François Ier* et *Charles*, le roi de France était moins puissant que l'Empereur. Songeons que le second employa contre le premier tous les moyens, qu'il ajouta la ruse à la force; et convenons que, malgré ce désavantage, le rôle de *François Ier* eut de l'éclat.

On reproche à *Henri II* de n'avoir pas eu de caractère, d'idée fixe, et d'avoir persécuté les protestans: treize ans de règne, treize ans de guerres. Sous ce prince finit entièrement la chevalerie. *François II* n'occupa le trône que pendant dix-huit mois; c'est dans ce court espace de tems que se trama la conspiration d'Amboise qui embrâsa la France pendant quarante-cinq ans, et mit une ligne de démarcation entre les catholiques et les protestans.

Charles IX offre un sujet inépuisable en réflexions. Ce prince aima les sciences, les lettres, les arts; il fit des vers qu'on trouve encore agréables: c'est sous son règne que le chancelier de l'*Hôpital* fit rendre nos plus sages lois et les ordonnances les plus salutaires à l'ordre public; ce fut le beau siècle de la jurisprudence...; mais on trouve la Saint-Barthélemi au revers de la médaille ; c'est tout dire. Je repousse comme calomnieuse l'accusation qui met une arme à la main de ce roi pour tirer sur son peuple, parce que l'histoire ne m'offre point de preuves assez convaincantes ; il faut l'évidence pour croire à des faits de cette espèce. J'avouerai cependant que plusieurs traits de la vie de *Charles* donnent plus de vraisemblance à l'accusation ; et le rendent à mes yeux capable de commettre le crime qu'on lui a reproché. Mais on ne juge point par analogie en histoire ; il faut des faits, et des faits positifs et bien attestés. Autrement les cruautés d'*Octave* jetteraient du doute sur le gouvernement d'*Auguste;* l'on ne prévoyait point, lorsqu'il était un triumvir odieux, qu'il deviendrait un empereur aimé.

Le goût des arts et des lettres, et la barbarie qu'on vit réunis dans *Charles*, sont des contradictions inexplicables. La même contradiction se remarque dans les faits qui semblent démentir l'expérience et l'observation. N'est-il pas étrange que, sous le règne où l'on a rendu les plus sages ordonnances et les meilleures lois, il se soit passé, au mépris de toutes les lois, les crimes les plus épouvantables ; que le même prince ait offert l'amour des arts qui adoucissent les mœurs, et les inclinations les plus sanguinaires, qui prouvent le dernier degré de barbarie ; enfin que la cour ait en même tems présenté un spectacle de galanterie et de fureurs, de plaisirs voluptueux et de carnage ?

Henri III s'évada de la Pologne, où il s'ennuyait, pour venir régner en France où il fit plus de mal que de bien. Par son défaut de caractère, la bizarrerie de ses goûts, la puérilité de ses superstitions, il se concilia le mépris des catholiques et des huguenots. Il ne sut ni administrer les finances, ni commander une armée, ni gouverner sa maison, ni prendre un parti. Un prince qui se met à la tête des processions, qui se promène dans les rues, entouré de petits chiens et de mignons, au milieu desquels il jouait au bilboquet, n'était bon qu'à raser et à mettre dans un couvent.

Ce règne, ainsi que les deux qui ont précédé, n'offre que des tableaux dégoûtans de meurtres, d'assassinats, de licence, de débauches sales et d'empoisonnemens. Il y avait des lois sans aucune justice et des réglemens sans police. La nation était avilie et présentait aux ennemis extérieurs une proie facile à saisir. Il faut que *Philippe II*, qui soudoya la Ligue et voulut se faire roi de France, ait été un prince bien médiocre, pour n'avoir pas su mieux profiter des circonstances et de notre anarchie. De grands projets sans le talent qui met en œuvre les moyens et sans le courage qui fait braver le danger, sont une preuve de nullité. *Philippe* conçut les projets; il posséda tous les moyens; mais ce fut un poltron sans talens, et la France ne changea pas de maître.

Passons à des tems plus glorieux pour nous, de 1589 à 1793, d'*Henri IV* à *Louis XVI*, en qui finit la troisième race.

Henri héritait du trône vacant à un degré très-éloigné, puisque c'était comme descendant de *Robert*, comte de Clermont, fils de *Saint-Louis*; mais personne n'avait un droit plus rapproché. Tout réel qu'était le sien, il fut obligé de conquérir son royaume.

Ce prince avait été marié à *Marguerite de Valois*. Ce mariage fut dissous en 1599 : la politique l'exigeait, parce qu'il fallait un successeur à *Henri*. Les grâces, la beauté, la vertu, cèdent devant la raison d'Etat; l'intérêt d'un grand peuple en réclame le sacrifice, quelque douloureux qu'il soit. Il ne le fut pas dans le divorce de *Henri* et de *Marguerite de Valois*, qui ne vivaient point ensemble et qu'on avait mariés de force.

Toutes les actions d'*Henri IV* sont connues. Des rois de l'ancienne dynastie, c'est celui dont la mémoire est plus chère. Loyal et politique tout à-la-fois, valeureux et galant, il eut les vertus et les vices qui plaisent le plus aux Français. Des deux religions pour lesquelles on se battait, il n'en voulut faire qu'une. Sentant l'utilité des travaux publics et la nécessité d'embellir la capitale, il l'agrandit. Il protégea les arts. Sa bravoure lui avait conquis le trône ; une sage administration répara les malheurs de la ligue. Le projet qu'on lui prête d'un nouveau système pour pacifier l'Europe ne paraît pas assez prouvé ; mais il avait pris tous les moyens de s'en rendre l'arbitre, lorsque le poignard d'un assassin l'empêcha d'achever son ouvrage.

Son successeur n'eut aucune de ces grandes qualités qui inspirent l'enthousiasme et fixent la fortune ; et le règne de *Louis XIII* aurait probablement été mis au nombre de ces règnes qui désolèrent la France, sans les talens du cardinal de

Richelieu qui gouverna sous le nom de *Louis*. Il eut deux projets en vue, l'abaissement de la maison d'Autriche et l'anéantissement de la religion réformée. Le premier eut plus de succès que le second.

Comme presque toutes les minorités, celle de *Louis XIV* fut orageuse; mais quand ce roi prit le sceptre, il montra qu'il savait régner; les arts et les lettres firent des progrès rapides. On vit ce que pourraient les Français conduits par d'habiles guerriers : ce fut un éclair qui alarma l'Europe pendant plusieurs années, et s'évanouit pour reparaître de nos jours plus brillant et plus durable. La révocation de l'édit de Nantes est une tache à la gloire de *Louis XIV*, et une faute que la France lui reproche encore.

La jeunesse de *Louis XV* fit concevoir des espérances qui ne se réalisèrent pas. *Richelieu* corrompit le prince, qui végéta dans la débauche au lieu de régner. Des guerres étrangères, des querelles des parlemens, quelques mouvemens séditieux, des discussions polémiques et religieuses d'un genre puéril, de grands désordres dans les finances, telle est l'idée qu'on peut se faire de ce règne.

Louis XVI, réservé par une cruelle destinée à payer les fautes de son ayeul; *Louis XVI*, avec tant de vertus, manquant d'énergie, laissa échapper le sceptre de ses mains, et vit renverser le trône ébranlé par son prédécesseur. Il prouva que la bonté, lorsqu'elle n'est point accompagnée de la fermeté, a, dans un souverain, des résultats plus désastreux que des vices.

Nous avons cru devoir être plus laconiques à mesure que les tems se rapprochaient de nous, parce qu'il n'est personne qui ne connaisse l'histoire des événemens des deux derniers siècles. On ignore encore moins ce qui s'est passé depuis la mort de *Louis XVI.*

Couvrons d'un voile épais cette sanglante anarchie, que nous avons vu précéder l'époque heureuse qui l'a fait oublier. Passons à ce moment, où las d'essayer en vain plusieurs modes de gouvernemens, tous les partis fesaient des vœux inutiles. Comment rétablir l'harmonie détruite? Que faut-il pour y parvenir? des lois, des institutions sages, une administration éclairée, une force centrale qui attire vers elle, irrésistiblement; enfin des victoires. Mais où trouver le législateur, le guerrier, le conquérant, l'administrateur, et cette réunion du génie et des talens qui commande l'obéissance parce qu'elle inspire l'admiration? Il faut cette réunion dans un seul, parce que l'expérience nous prouve que c'est d'un seul que dépend le sort d'un Etat.... (1) Il paraît : les factions se taisent : les lois forment un code pour le repos de la société : un enseignement uniforme rallie une jeunesse nombreuse menacée de l'ignorance : tous les mouvemens du corps social se régularisent : des dignités créées, des ministères organisés débarrassent la souveraineté des détails et de l'exécution : la société se reforme, et les liens rompus se renouent ; la confiance renaît : l'activité

(1) *Non aliud discordantis patriæ remedium quàm ut ab uno regatur.*
TACITE.

trouve du travail et des encouragemens : l'honneur et la vertu, des récompenses : l'industrie se ravive : les beaux-arts brillent, l'émulation se montre, et le passé s'oublie. Il ne nous appartient pas parler de l'éclat de la gloire de nos armes, elle est au-dessus du talent de l'écrivain, et les arts n'en pourront transmettre qu'une imparfaite image. Crayonnons seulement quelques-unes de nos campagnes, et soyons laconiques comme elles furent rapides.

Celle de 1796, en Italie, offre des prodiges. *Bonaparte* y commande : l'habileté des manœuvres supplée à l'infériorité du nombre, et les batailles de Montenotte, de Millesimo, de Céva, de Mondovi, la victoire de Lodi, repousse l'armée autrichienne commandée par *Beaulieu*, qui cherche un asyle dans les montagnes. Une seconde armée, sous les ordres de *Wurmser*, se partage en deux corps. Aller rapidement anéantir l'un pour voler vers l'autre, le défaire à Castiglione, le battre sur le Mincio, le rejeter dans le Tyrol, et lui couper enfin la retraite, telle est la marche du guerrier qui ne prend point de repos tant qu'il a des ennemis à vaincre. La cour de Vienne forme une troisième armée : *Alvinzi* la commande : il se présente : il lutte vainement : Arcole est le théâtre de sa défaite ; et sa ruine s'achève aux combats de Rivoli et de la Corona. Précédé de la renommée de ses talens militaires, l'archiduc *Charles* se montre, mais c'est pour reconnaître que le général français n'a point de rival. Il se retire, s'arrête à Léoben où les préliminaires de la paix sont signés.

La face de l'Italie fut changée entièrement, des gouvernemens disparurent, et d'autres furent altérés.

Mais on vit bientôt que le vainqueur de l'Italie tenait dans ses mains les destins de la France. Pendant qu'il conquérait l'Egypte avec vingt mille hommes, les Russes et les Allemands réunis, conduits par le fameux *Swarow*, enlèvent l'Italie aux Français. Pour en chasser les coalisés, les vœux de l'armée et de la nation appellent à leur tête le vainqueur de l'Egypte, la première pour sa gloire, la seconde pour son bonheur. Il arrive : tous les partis se réunissent : l'ordre se rétablit : le passé se répare : l'avenir est préparé. Après quelques momens accordés aux mesures nécessaires pour le repos de l'intérieur, et pour l'exercice des hautes fonctions données par la reconnaissance nationale, *Bonaparte* tourne ses regards vers cette Italie qui lui rappelle tant de triomphes. Une armée se dirige vers les Alpes, se fraye des routes nouvelles : alors commence cette campagne si rapide, si glorieuse, terminée par la mémorable bataille de Marengo qui rend l'Italie aux Français.

Qui ne croirait que les occasions d'acquérir de la gloire sont toutes épuisées ?

L'Angleterre est là, veillant sans cesse pour susciter des ennemis à la France, contre laquelle elle ne peut se mesurer. Elle en trouve : elle offre des trésors : elle présente un espoir trompeur, et les leçons cruelles de l'expérience sont oubliées. Poursuivons.

Deux traités avaient pacifié l'Europe. Par le premier (celui de Lunéville fait en 1801), les Puissances continentales déposèrent les armes : par le second (celui d'Amiens en 1802), l'Angleterre consentit à la paix, qui, par cette adhésion, semblait être générale. Mais le ministère britannique ne voulait qu'une trève instantanée, pendant laquelle ses agens auraient plus de facilité pour organiser une troisième coalition. Elle se forme en effet, et la Russie, la Suède, l'Autriche, Naples et la Sardaigne réunissent leurs troupes qui montaient à cinq cent mille hommes. Jamais circonstances n'avaient paru plus favorables. Excepté les corps stationnés en Italie, les armées françaises étaient campées sur les côtes depuis Brest jusqu'à Amsterdam, occupées d'une expédition contre l'Angleterre. Attaquer sans déclaration de guerre était depuis long-tems dans la tactique anglaise. Les Puissances coalisées l'adoptent. Tous les préparatifs se font en silence : les troupes se mettent en marche, prennent leurs positions. L'Italie est menacée, la Bavière envahie, et les Français sont à plus de cent cinquante lieues du Rhin, en face d'un ennemi dont ils n'ont rien à craindre. Tout-à-coup l'armée s'ébranle à-la-fois, et en plusieurs jours de marches forcées, elle dépasse ses frontières : partagée en cinq divisions commandées par cinq maréchaux, elle s'avance ainsi sous les ordres de l'Empereur. En neuf jours six affaires glorieuses mettent quatre-vingt mille hommes en notre pouvoir. L'arrivée des Russes, dont l'armée était d'un tiers plus nombreuse que celle des Français, ne servit qu'à augmenter nos triomphes.

La victoire d'Austerlitz, importante par les résultats, remarquable par les dispositions, par les obstacles, par le rang des vaincus, parmi lesquels se voyaient deux Empereurs puissans, termine cette campagne brillante, qui n'a duré que deux mois. La paix est signée à Presbourg le 26 décembre 1806.

Le cabinet de Londres, étonné de tant de succès inattendus, fait encore de nouvelles tentatives. Il cherche un nouvel ennemi plus formidable que les autres ; un ennemi que la guerre n'ait point épuisé. Il en trouve un : la Prusse devient l'objet de ses intrigues. Elle arme : elle est vaincue : quelques jours suffisent à *Napoléon* pour établir son quartier-général à Berlin. Le roi de Prusse, fuyant de ses Etats, n'a dû son trône qu'à la générosité du vainqueur.

Avant de terminer, disons un mot des coalitions qui, depuis dix-huit ans, se sont succédées contre la France. La première, formée de tous les souverains de l'Europe, fit précéder ses armées et ses opérations d'un manifeste ridiculement emphatique, dans lequel on menaçait de détruire de fond en comble la ville qu'un héros devait rendre éternelle. Cette coalition pécha par le défaut d'union. Formée de princes inégaux en puissance et rivaux en prétentions, elle ne parut pas aussi formidable que les suivantes. Mais, comme à cette époque la guerre civile désolait la France, la désunion des princes coalisés ne leur fut pas aussi nuisible qu'elle l'aurait été sans nos divisions.

Les dernières coalitions étaient réellement plus

fortes et plus redoutables. D'abord les petits Etats indépendans n'existaient plus ; c'était une cause de moins pour la mésintelligence : ensuite elles étaient toutes formées de puissances de première ligne. On voyait parmi les coalisés un prince qui, ayant recueilli tous les avantages de la paix, entretenait sur pied une armée nombreuse bien disciplinée, que le souvenir d'une gloire ancienne devait rendre plus difficile à vaincre. Il y avait donc, dans ces coalitions, plus d'unité et de force que dans les précédentes. Il ne s'agissait plus de ce projet insensé de partager la France, mais bien de s'opposer à sa prospérité : l'union de tant d'intérêts, les moyens militaires les plus imposans, les forces les plus réelles, le nombre des soldats, les trésors enfin, ne purent résister à la puissance du génie et de l'héroïsme.

On voit, par le haut degré d'élévation où la France est parvenue, quelle influence peuvent avoir sur un peuple le génie et les talens du souverain. Peu de personnes avaient pu prévoir ce degré d'élévation. On lit cependant dans *Puffendorf* cette réflexion qu'il fait après avoir passé en revue nos guerres civiles : « Quand on considère la puissance de la France par rapport à ses voisins, on trouve que, dans tout le monde chrétien, il n'y a aucun Etat, pris à part, qui la surpasse ou l'égale en force. » Que dirait aujourd'hui cet auteur, et que penser de cette foule de rois et de ministres qui semblent ne s'être jamais douté des ressources du vaste pays qu'ils gouvernaient ?

La France sera encore l'objet de quelques réflexions dans le tableau que nous allons offrir des guerres qu'elle a soutenues ; tableau qui réparera les omissions que nous avons faites à dessein. Ces guerres occupent la plus grande partie de l'histoire de France, parce qu'il n'est aucun règne où, dans ce pays, on n'ait pris les armes pour attaquer ou se défendre.

TABLEAU

HISTORIQUE ET CHRONOLOGIQUE

Des guerres que la France a soutenues depuis CLOVIS *en* 486, *jusqu'à* NAPOLÉON *en* 1800.

Nous avons cru qu'il pouvait être de quelqu'utilité de présenter le tableau des guerres de la Monarchie française et de rappeler leurs causes, leurs résultats et leur durée. Nous suivons l'ordre chronologique : nous parcourons successivement les nations avec lesquelles la France a été en guerre, jusqu'à l'époque où les Puissances de l'Europe se divisant en deux partis, les querelles devinrent générales. Nous séparons les guerres religieuses des guerres civiles, on en verra les raisons. Au moyen du résumé qui termine ces tableaux, on voit l'espace occupé par la guerre et celui rempli par la paix. Nous commençons à *Clovis* qui lutta contre les Allemands, les Goths, les Italiens, et contre les seigneurs français.

Le premier soin de ce prince fut de chasser les Romains des Gaules, qui étaient partagées entre ce peuple, les Visigoths et les Bourguignons. Le domaine des Romains s'étendait le long du Rhin, entre ce fleuve, l'Océan et la Loire, sous le gouvernement de *Siagrius*, qui résidait à Soissons. *Clovis* l'attaque et le bat. *Siagrius* se réfugie à Toulouse chez *Alaric*, roi des Goths, qui le livre à *Clovis*. Il eut la tête tranchée. Cet évènement mit fin à la domination romaine dans les Gaules.

GUERRES CONTRE LES ALLEMANDS.

Causes.	*Résultats.*
495. Les Allemands, peuple situé entre le Rhin, le Mein et le Danube, secondés des Suèves, passent le Rhin près de Cologne, afin de chasser les Français. *Clovis* joignit ses troupes à celles de *Sigisbert*, roi de Cologne. Il fit dépendre sa conversion de la victoire : promesse qui augmenta le courage des chrétiens de son armée.	Bataille de Tolbiac, près de Cologne. Les Allemands sont mis en pièces : leur roi tué. *Clovis* leur accorde la paix à condition que leur roi se contentera du titre de duc de Bavière.
521, 531. *Thiéry*, roi d'Austrasie, se réunit à *Clotaire*, roi de Soissons, son frère.	On s'empara de la Thuringe.
555. Les Saxons, tributaires des Français, se révoltent et ravagent la France germanique.	556, 557. Les Saxons sont battus d'abord par *Clotaire* : ils se vengent ensuite ; mais ils sont forcés à demander la paix, et s'obligent à fournir tous les ans un tribut de 500 bœufs.
De 563 à 567. Invasion des Abares, commandés par *Cagan*.	Vaincus d'abord, ils battent *Sigebert*.
628—692. Révolte des Saxons.	Mis en déroute par *Dagobert*.
692. *Ratbod*, duc des Frisons, refuse de payer le tribut qu'il faisait à la France.	Bataille de Dorstadt gagnée par *Pepin*. Le duc consent à être tributaire.
724. *Humbert*, duc de Bavière, refuse sa nièce à *Charles-Martel*.	Les Français envahissent la Bavière. *Charles* emmène *Sonichilde*, cause de la guerre, et l'épouse.
734. Révolte des Frisons.	*Charles* les battit et leur donna un autre duc.
742. Révolte des Bavarois.	Ils sont défaits : leur duc obtient la paix en donnant des otages.
743. *Childetrude*, fille de *Charles*, s'était enfuie en Bavière pour épouser le duc *Odillon*.	Les Bavarois retranchés sur les bords du Leck, qu'ils avaient palissadés, sont défaits. Les Français ravagèrent pendant deux mois la Bavière.

Causes.	*Résultats.*
De 744 à 804. Les Saxons se révoltèrent onze fois, soit contre *Pepin*, soit contre *Charlemagne*. Ils eurent quelques succès quand ils furent commandés par le fameux *Witikin* : mais ce général ne put long-tems résister à l'ascendant de *Charles*. C'est de ce *Witikin* que plusieurs souverains de l'Europe prétendaient descendre.	Vaincus, ils s'obligent, en 759, à mener tous les ans, au champ de mai, 300 chevaux à *Pepin*. En 778 *Charlemagne* batit *Witikin* leur chef, et réduisit la Westphalie, l'Oosphalie, et l'Angrie. 4500 Saxons sont mis à mort pour avoir massacré les Français, et 30,000, en 793, pour le même fait. *Charles* les soumet en 804; fait transférer dix mille familles saxonnes, et met à leur place des *Abrodites*.
788. Irruption des Huns ou Abares, peuple qui habitait l'Autriche.	Ils perdirent trois batailles, une dans le Frioul, et deux en Bavière.
789. Les *Wilses*, le seul peuple qui ne reconnaissait pas *Charlemagne*, lui font la guerre.	*Charles* bâtit un pont sur l'Ebre et soumit ce peuple.
791. Les Abares refusent de reconnaitre leurs limites.	*Charles* assiégea Vienne. Il poussa ses conquêtes jusqu'à l'embouchure du Raab, dans le Danube.
819. Le duc de la Basse-Pannonie se révolte.	Il est d'abord battu : ensuite il remporte une victoire complète et ravage la Dalmatie.
876. Partage des Etats de *Louis*, roi de Germanie. *Charles*, roi de France, voulut avoir une portion de la Lorraine.	L'empereur fut vaincu : il se réfugia dans le couvent de St.-Lambert sur la Meuse. La Lorraine demeure à *Louis*. Jusqu'en 982 cette province fut un sujet de guerres continuelles.
1214. Prétentions des Empereurs qui voulaient qu'on les reconnût souverains des royaumes d'occident.	Bataille de Bouvines gagnée par *Philippe II*, qui n'avait que 50 mille hommes contre 150 mille.
1388. Le duc de Gueldres déclare la guerre.	Les Français ravagèrent ce pays.
1395. Le roi de Hongrie demande des secours à la France contre *Bajazeth* qui dévastait ses Etats. On envoya une armée sous les	Bataille de Nicopoli en 1396, perdue par les Français, qui eurent d'abord l'avantage; mais s'étant trop avancés, ils furent enveloppés. *Nevers*, *La Marche*, *Boucicaud*, *Couci*, furent pris; les deux derniers moururent : les

Causes.	*Résultats.*
ordres du comte de Nevers. Plus de deux mille gentilshommes furent de cette expédition.	autres payèrent 200 mille écus pour leur rançon. *Bajazeth* fit massacrer devant lui 3,000 Français.
1444. Pillages et irruptions du bailli de Montbelliard secouru des Suisses.	Les Français, commandés par le Dauphin, sont victorieux. Traité d'alliance avec les Suisses.
1513. Les Allemands et les Anglais assiégent Térouanne.	Prise après neuf semaines de siége. Journée des éperons, ainsi nommée parce que la gendarmerie s'étant laissée surprendre, s'enfuit à toutes jambes.
1513. Les Suisses entrent dans la Bourgogne pour forcer le roi à renoncer au Milanais. Ils assiégent Dijon.	La *Trémouille* défendit la ville, négocia, et renvoya les Suisses avec de l'argent et des promesses.
1521. *Robert de la Marck*, seigneur de Sedan et de Bouillon, mécontent de l'Empereur, offre ses services à *François Ier* qui les accepte. *La Marck* déclare la guerre à l'Empereur.	Cette guerre finit en 1523 après plusieurs siéges. Cette année le connétable de *Bourbon* trahit le roi de France. Fameux siége de Péronne en 1536. Elle soutint quatre assauts, et fut foudroyée par 72 pièces de canon.
1537. *François Ier* fit confisquer, par un arrêt du parlement, les comtés d'*Artois*, de *Flandres*, de *Charolais*, appartenant à l'empereur.	On prit les villes de ces comtés : le roi envoya ensuite une partie de son armée en Italie. Trève le 30 juillet 1537.
1542. Assassinat par le marquis de *Gaart* de deux gentilshommes que *François Ier* envoyait l'un à la Porte, l'autre à Venise. Ils furent tués dans un bateau en passant le Pô. Pour cette violation du droit des gens, la guerre fut déclarée par le roi qui avait des prétentions sur Luxembourg.	Le roi prit Luxembourg, et fit fortifier cette place. En 1543, ligue entre l'Empereur et le roi d'Angleterre contre la France. Au siége de Saint-Dizier, les Impériaux contrefirent une lettre au nom du duc de *Guise*, qui ordonnait de capituler. Cette ruse réussit. La duchesse d'Etampe, maitresse du roi, trahit ce prince : elle était du conseil, et rapportait à l'Empereur ce qui s'y passait. Paix de Crépi en 1544.
1550, 1551. Ligue entre le roi de France et les électeurs de Saxe et de Brandebourg. Le roi s'en-	Le roi prit ces places ainsi qu'il s'y était engagé ; il s'empara ensuite de plusieurs autres villes. En

Causes.	*Résultats.*
gageait à défendre la liberté germanique et à prendre Cambrai, Toul, Metz et Verdun. En 1552 paix de Passau entre l'empereur et les princes. Le premier voulait réunir toutes ses forces contre le roi de France. L'empereur dut plusieurs avantages à des moyens lâches. Il faisait entamer des négociations, et tombait sur les Français pendant la suspension d'armes.	1553, siége de Térouanne par les Allemands. *Delosses*, gouverneur, d'*Essé*, *Montmorenci*, soutinrent un assaut de dix heures : l'ennemi avait tiré 142 mille coups de canon. Pendant qu'on capitulait, les Impériaux entrèrent par les brèches, et passèrent tout au fil de l'épée. 1554. Bataille de Renti gagnée. Le roi ôta son collier de l'ordre, et le passa au cou du vicomte de *Tavannes*. 1556. Traité de Vaucelles.
1610. La succession du duché de Juliers. Le roi envoya des troupes en Allemagne pour favoriser l'électeur de Brandebourg contre l'archiduc.	L'électeur de Brandebourg fut installé dans la ville de Juliers, par le maréchal de *La Châtre*, aidé des princes allemands.
1632. Complicité de *Monsieur*, frère du roi, avec le duc de Lorraine.	Le duc se vit obligé à demander la paix. Ayant violé le traité, ses Etats furent envahis, et Nanci demeura au roi qui y établit un conseil souverain.
1635. Le roi conclut un traité avec le roi de Suède contre l'Empereur. Il envoya des troupes qui se joignirent aux Suédois. Cette ligue fut renouvelée en 1639.	Il y eut pendant cette guerre beaucoup de siéges et d'actions plus glorieuses que décisives, jusqu'au moment où *Turenne* et *Condé* parurent.
1672 — 1673, etc. L'Empereur voyant les conquêtes de *Louis XIV*, se ligua avec la Hollande, l'Espagne, l'électeur de Brandebourg, celui de Trèves, le duc de Lorraine, etc. Cette guerre ne finit qu'en 1679.	Cette coalition donne plus d'éclat aux victoires des Français. Les succès vont toujours croissans jusqu'au 27 juillet 1775 que *Turenne* fut emporté par un boulet de canon. 1679. Paix de Nimégue.
1681. Strasbourg ayant pendant la dernière guerre violé la neutralité et fourni des secours aux ennemis, *Louvois* persuada à *Louis XIV* de s'en emparer.	Elle fut prise le 30 septembre. — 1684. Trève de Ratisbonne : elle devait durer vingt ans. Strasbourg demeure à *Louis XIV*.

Les guerres d'Allemagne, postérieures à cette époque, seront l'objet d'un autre article, parce que l'Empereur n'en soutint aucune sans alliés contre la France.

GUERRES CIVILES.

De 494 à 800, c'est-à-dire depuis *Clovis* jusqu'à l'époque où *Charlemagne* a été élevé à l'Empire, on compte quarante-six guerres civiles, dont le tableau ne peut guère entrer dans notre plan. On voit souvent les frères armés contre leurs frères, et les pères contre leurs enfans. Tantôt les rois de Paris et de Soissons se liguent contre celui d'Austrasie, tantôt ils se battent entre eux. *Chram* déclara la guerre à *Clotaire* son père, qui le battit, et le força de se soumettre. C'est dans l'époque que nous embrassons que vécurent *Frédégonde* et *Brunehaut*, dont on connaît les crimes.

En 584, sous *Clotaire II*, un aventurier se disant fils de *Clotaire I*, arriva de Constantinople avec des trésors; il se fit proclamer roi à Brive-la-Gaillarde, sous le nom de *Gondebaud*. Après s'être emparé de Bordeaux, de Toulouse et de plusieurs autres villes, il fut assassiné. Remarquons que toutes les fois qu'il y eut plusieurs rois, on vit la guerre civile. Les maires se liguèrent contre les princes. *Dagobert* est vaincu et tué, en 680, par *Ebroin*, maire de Neustrie, et *Wlfoad*, maire d'Austrasie.

Je compte vingt-trois guerres civiles dans les deux siècles suivans, de 800 à l'an 1000. Les Gascons, les Bretons se révoltèrent souvent. *Louis le Débonnaire* est détrôné par ses enfans, puis rétabli pour éprouver une seconde fois le même traitement. Il faut remarquer que les deux armées, campées (833) à Rotfeld en Alsace, restèrent en présence pendant cinq à six jours sans se battre. Ensuite celle de *Louis*, ayant trahi le prince, se réunit à l'autre, et toutes deux déclarèrent *Louis* déposé à cause de son mauvais gouvernement. Après sa mort ses enfans se font la guerre.

En 879 *Boson*, gouverneur de Provence, rassembla un concile, et se fit nommer roi d'Arles. *Louis* et *Carloman* marchèrent contre cet usurpateur qui prit la fuite, laissant sa femme *Hermangad* à Vienne, où elle se défendit pendant deux ans. On voit ensuite les comtes de Paris et les seigneurs de

Neustrie se battre ou s'unir contre le roi, dont la puissance fut tellement diminuée, que *Louis IV* et *Lothaire* étaient réduits à la seule ville de Laon. Spectateurs des querelles de leurs vassaux, ils ne durent qu'à leurs divisions la conservation de leur couronne.

En 987 *Hugues-Capet* ayant déclaré ses prétentions à l'exclusion de *Charles*, duc de Lorraine, *Guillaume*, comte de Poitiers, refusa de reconnaître ce prince. Il accusa les Français d'abandonner *le sang de Charlemagne*. Victorieux d'abord, il fut bientôt obligé de se soumettre.

Dans les siècles suivans, les Etats voisins de la France aidant souvent les rebelles, les guerres civiles devinrent plus sérieuses et plus longues. Nous ne parlons point de celles qui eurent la religion pour prétexte ou pour cause, et dont nous offrirons le tableau. Voici celui des autres.

Causes.	*Résultats.*
1031. La reine *Constance* fait révolter contre son fils *Henri Ier* plusieurs seigneurs : elle voulait donner la couronne à *Robert*.	Les troupes de la reine s'emparèrent d'abord de plusieurs villes; mais *Henri* les reprit, et la guerre fut terminée.
1041. Le comte de Champagne refuse l'hommage au roi.	Vaincu bientôt, il est obligé de se soumettre.
1129. *Garlande*, sénéchal de France, et *Amaury de Montfort*, prennent les armes contre le roi.	*Louis VI* les assiége dans le château de Livri, qu'il fit raser. *Garlande* fut contraint de donner la démission de sa place de sénéchal, qu'il prétendait héréditaire.
1141. Le comte de Champagne ayant donné des sujets de mécontentement au roi, ce prince ravagea les terres du comte.	*Louis VII* assiégea Vitri. 1300 personnes ayant péri dans une église où l'on avait mis le feu, le roi résolut d'aller en Palestine.
1181. Révolte du comte de Flandre, qui mit dans ses intérêts plusieurs seigneurs, entre autres le duc de Bourgogne.	Après deux ans de guerre il se soumit. Il demanda le combat particulier à *Philippe Auguste* qui l'accepta. Mais le cœur *ayant manqué* au comte, il demanda la paix, et céda plusieurs terres.

Causes.	*Résultats.*
1271. Le comte de Foix et le seigneur de Casaubon se disputaient. Ce dernier implore la protection de *Philippe III*, qui fit citer le comte à comparaître.	Sur son refus, *Philippe* se mit en marche, fit le siége du château de Foix. Le comte se rendit à discrétion.
1297. Révolte des comtes de Flandre et de Bar. Le duc de Brabant, le roi d'Angleterre, les comtes de Hollande, de Juliers de Luxembourg, de Gueldre, l'Empereur *Adolphe* et le duc d'Autriche épousent leur querelle. Chacun de ces princes envoye un cartel à *Philippe IV*.	Cette guerre ne finit qu'en 1304. Il y eut des affaires sanglantes. Le roi s'étant emparé du comte de Flandre et de ses enfans, les tint renfermés, réunit la Flandre à la France. Mais les Flamands se révoltèrent. Le comte de Flandre mourut dans sa prison à 81 ans : *Philippe* rendit ses enfans à la paix.
1329. Le comte de Flandre, maltraité des siens, se réfugie auprès de *Philippe VI*.	Le roi livre bataille aux Flamands, la gagne, brûle Cassel et plusieurs villes, rétablit le comte en lui disant qu'une autre fois il *penserait à ses propres intérêts*.
1382. Révolte des Gantois à la sollicitation du roi d'Angleterre. Ils élurent pour leur chef *Philippe* d'*Artevelle*, brasseur.	Terminée le 18 décembre 1385. Les Gantois s'obligèrent, par un traité, à renoncer à toute ligue, sous peine de perdre la vie et leurs biens.
1382. Pendant la minorité du règne désastreux de *Charles VI*, le duc d'Anjou, nommé régent, voulut établir des impôts sur le sel et le vin, ce qui fit révolter les principales villes.	On tendit des chaînes dans les rues à Paris; mais le duc bloqua la ville, permit aux troupes de vivre à discrétion. Les Parisiens demandèrent la paix, donnèrent cent mille francs au roi. Les plus mutins furent mis dans des sacs et jetés dans la rivière.
Cette guerre dura, dans tout le royaume, pendant près de vingt ans.	On vit les habitans de Rouen élire pour roi un marchand de drap, et se faire exempter par ce fantôme de toute espèce d'impôts. Les Rouennais furent désarmés.
1410. Pendant la démence du roi, on confia les affaires aux ducs d'Orléans et de Bourgogne. Ce dernier fit assassiner le duc d'Orléans : ce fut la cause de la guerre civile; elle dura vingt ans, et, comme toutes les guerres longues et sanglantes, elle	Les ducs de Berri, de Bourbon, de Bretagne, les comtes d'Alençon, de Clermont et d'Armagnac, tous amis du duc d'Orléans, se liguent contre le duc de Bourgogne. La capitale et les environs sont dévastés. On fait plusieurs traités qui sont rompus presqu'aussitôt.

Causes.	*Résultats.*
changea de nature, et la cause première en était oubliée long-tems avant la fin de la querelle. Le duc de Bourgogne écrivit une lettre circulaire à un grand nombre de villes qu'il engageait à se joindre à lui pour réformer le gouvernement; mais il fut assassiné. Le dauphin, qu'on accusa de ce crime, fut banni à perpétuité du royaume. *Isabelle* casse le parlement, en rassemble un à Troyes, passe un traité avec le roi d'Angleterre à qui la couronne est donnée, ce qui fait prendre un autre caractère à cette guerre dont il sera de nouveau question au tableau des guerres avec l'Angleterre.	On assiége, on prend, on pille, on rançonne un grand nombre de villes. Le duc de Bourgogne était du parti d'*Isabelle* qu'on avait renfermée à Tours, et qu'il enleva pour la conduire à Troies. Le parti de ce duc réussit à se rendre maître de Paris : ils forcent le roi à se prononcer en leur faveur. Beaucoup d'évêques et de personnages de distinction furent mis à mort, leurs corps traînés dans les rues. Le dauphin se rendit maître du Languedoc et de presque tout le Poitou. Ce qui se passe après la mort du duc de Bourgogne est relatif aux guerres avec les Anglais.
1430. *Amédée*, duc de Savoie, veut profiter de l'épuisement de la France pour s'emparer du Dauphiné.	Le seigneur de Gaucourt rassemble la noblesse du pays et chasse le prince d'Orange allié d'*Amédée*.
1431. Guerre pour la succession de la Lorraine. Le roi de France prend le parti de *René* d'Anjou.	*René* d'Anjou est battu complétement par le comte de Vaudemont et le duc de Bourgogne.
1443. Révolte du comte d'*Armagnac*, qui dispute au roi le comté de Comminge.	Il est battu et fait prisonnier. Le dauphin s'empare du comté.
1444. Metz se révolte contre *René* d'Anjou, qui implore le roi de France.	Le roi fait investir Metz qui soutient un siége de sept mois, après lequel on fait un traité.
1461. Révolte des habitans de Reims, qui brûlèrent dans les rues les registres des impôts.	*Louis XI* y envoya le seigneur de *Moüy*, qui fit entrer dans la ville des soldats déguisés en paysans : ils ouvrirent les portes. Quatre-vingts bourgeois furent décapités.
1464. Ligue sous prétexte du *bien public*, entre les comtes de *Charolais*, d'*Armagnac*, de *Dunois*; les ducs de Berri, de Bretagne, de Bourbon, d'Alençon, de Calabre; les maréchaux de *Loheac* et de *Chabannes*.	Après plusieurs affaires, le roi fit des traités avec ces seigneurs. Chacun s'obligeait, dans le traité qui le concernait, de faire mettre bas les armes aux autres.

Causes.	*Résultats.*
1466. *Louis XI* ayant détruit la ligue et attiré à lui les plus habiles capitaines, veut reprendre le duché de Normandie, qu'il avait été contraint de démembrer.	Le duc de Normandie, n'ayant pu défendre ses Etats, se retira en Bretagne. Rouen fut pris par le roi. La guerre finit par le traité de Péronne.
1470. Révolte du duc de Bourgogne, qui excite Monsieur et les autres princes contre le roi.	Plusieurs places sont prises. Le duc échoue devant Beauvais, défendu par *Jeanne Hachette* à la tête des femmes.
1473. Révolte du comte d'*Armagnac*.	Il est battu et tué par le cardinal *Joffridy*.
1475. Nouvelle guerre contre le duc de Bourgogne.	Le roi ravage ses Etats.
1477. Le duc de Bourgogne étant mort ne laisse qu'une fille. *Louis XI* prétend qu'à défaut d'hoirs mâles, la Bourgogne lui appartient. Guerre à ce sujet.	La duchesse de Bourgogne épouse *Maximilien* d'Autriche. La guerre finit en 1482 par le traité d'Arras, dans lequel le mariage du dauphin avec *Marguerite* de Flandre fut arrêté : elle n'avait que deux ans, et fut conduite en France pour y être élevée.
1487. Révolte du duc d'Orléans contre Mme de *Beaujeu* régente. Il se ligue avec le duc de Bretagne, plusieurs autres seigneurs et *Maximilien* roi des Romains.	Cette guerre finit en 1493 par le traité de Senlis. On restitua à *Maximilien*, en lui rendant sa fille à qui *Charles VIII* préféra l'héritière de Bretagne, plusieurs domaines.
1548. Révolte de Bordeaux à l'occasion de la gabelle ; le commandant fut massacré.	La ville fut punie, privée de ses droits, et le parlement interdit. On mit à mort plusieurs bourgeois.
1616. La prison du prince de Condé, conseillée par le maréchal *d'Ancre* dont on était mécontent, fit prendre les armes au maréchal de *Bouillon*, au duc de Mayenne, etc.	Il y eut plusieurs siéges et plusieurs affaires. La mort du maréchal d'*Ancre*, arrivée le 26 avril 1617, fit mettre bas les armes aux mécontens.
1620. La faveur de *Luynes* révolta un grand nombre de seigneurs qui prirent les armes.	Rouen et Caen évitèrent un siége en se soumettant. Combat au Pont de Cé. *Richelieu* fit conclure la paix le 11 août 1620.
1631. Monsieur, mécontent de *Richelieu*, passe en Lorraine ; *Montmorenci* prend ses intérêts.	Combat de Castelnaudari. *Montmorenci* fut battu.

Causes.	*Résultats.*
1641. Las du cardinal de *Richelieu*, le comte de Soissons et d'autres seigneurs lèvent une armée.	Les mécontens battirent les royalistes près de Sédan, à la Marsée. Le comte de Soissons fut assassiné après la victoire, ce qui la rendit inutile.
1650. Prison des princes, leurs partisans prennent les armes. La haine générale contre *Mazarin* augmente le nombre des mécontens. Le parlement condamne ce cardinal comme criminel de lèse-majesté, fait vendre sa bibliothèque, confisque ses biens, met sa tête à prix. Cet arrêt semblait légitimer la révolte.	Les troubles de *la Fronde* changèrent de cause et d'objet. Il n'y eut que la haine contre *Mazarin* qui fut constante; il prit deux fois la fuite, et revint quand il jugea l'occasion favorable. La bravoure n'était pas au nombre de ses bonnes quaqualités. Cette guerre fut quelquefois meurtrière et souvent ridicule. On chansonna les deux partis. Elle dura cinq ans : le cardinal de *Retz* en fut victime.

Il n'y eut d'autre guerre civile importante qu'à la fin du siècle suivant et de nos jours. C'est celle de la Vendée. Les guerres religieuses seront le sujet d'un autre article.

GUERRES D'ESPAGNE.

Causes.	*Résultats.*
507. *Alaric*, roi des Goths et d'Aquitaine, maître de presque toute l'Espagne, reçoit tous les seigneurs mécontens de *Clovis*, et conspire contre ce prince qui lui déclare la guerre, en prenant pour prétexte la religion.	Bataille de Vouillé près de Poitiers. *Alaric* est tué. *Clovis* s'empare du Poitou, du Limousin, de la Saintonge, de l'Auvergne. Par la prise d'Angoulême l'empire des Goths cessa. Au retour de cette conquête, *Clovis* prit le titre d'*Auguste*, et déclara *Paris* capitale de son royaume en 508.
Le désir de venger la mort d'*Alaric*, et l'envie qu'eurent les rois de France de chasser les Goths, firent continuer la guerre.	Cette guerre ne cesse qu'en 589 par un traité de paix entre *Recarède* et le roi de Bourgogne.

Causes.	*Résultats.*
721. Les Sarrasins, maîtres de l'Espagne, voulaient la partie méridionale de la France qui avait appartenu aux Visigoths.	Cette guerre dura un siècle. Les Français entrèrent victorieux en Espagne; mais ils furent obligés d'en sortir en 827, parce que nos rois, occupés de guerres civiles, ne purent leur envoyer des secours.
1274. *Philippe*, second fils du roi de France, ayant épousé l'héritière de Navarre, envoya une armée contre les rois d'Aragon et de Castille qui lui disputaient cette province.	Les Français pénétrèrent dans la Navarre, battirent les troupes ennemies. Toutes les villes se soumirent.
1285. Succession de Castille, disputée aux neveux du roi de France par *Sanche*, qui se fit donner la couronne par les Etats au préjudice des héritiers, Le roi d'Aragon fit cause commune avec *Sanche*. Le pape *Martin IV* prit le parti du roi de France, excommunia ses deux rivaux et lui donna leurs Etats.	Le roi marcha à la tête de quatre-vingt mille hommes : il envoya une flotte nombreuse. Il y eut d'abord de grands succès qui furent suivis de plus grands revers. La guerre finit en 1294 par un traité dans lequel *Charles de Valois* renonça au royaume d'Aragon, dont le souverain épousa la fille de *Charles*.
1365. Empoisonnement de *Blanche de Bourbon* par *Pierre-le-Cruel* son mari, roi de Castille. *Henri de Transtamare*, frère de de ce prince, demanda des secours à la France. Il y avait alors en France des troupes de brigands qu'on appelait les *grandes compagnies*. *Duguesclin* va trouver leurs chefs, les fait consentir à passer en Espagne. Chemin faisant, ils firent donner deux cent mille francs au pape qui résidait à Avignon.	*Pierre* fut battu et chassé de ses Etats. En 1366, il revient avec le prince de Galles. Les grandes compagnies changent de parti, ce qui causa la défaite de *Duguesclin* à Navarette; il fut pris. Devenu libre, il rétablit une seconde fois sur le trône *Henri de Transtamare*. La mort de *Pierre-le-Cruel*, tué par ce prince après la bataille de Montiel, termine cette guerre en 1368.
1473. Révolte des habitans du Roussillon et de la Cerdagne, soutenue par *Jean II*, roi d'Aragon, qui avait engagé ces provinces au roi de France pour trois cent mille écus d'or.	Perpignan soutient un siége de dix-huit mois. La guerre ne finit qu'en 1493. Les deux rois firent un traité. On restitua au roi d'Aragon les deux provinces contestées.
1496. *Ferdinand*, roi d'Aragon, fait ravager le midi de la France par la cavalerie castillane.	Les troupes françaises, victorieuses d'abord, sont ensuite obligées de se retirer.

Causes.	*Résultats.*
1520. Guerre entre *Charles-Quint* et *François Ier*. *Charles* s'était engagé à rétablir *Jean d'Albret* sur le trône de Navarre. Il ne voulut point remplir les conditions du traité de Noyon.	Il y eut de part et d'autre des succès et des revers. On ne cessa de se battre qu'en 1524, sans que la cause de la querelle fût décidée.
1542. Droits de *François Ier* sur le Roussillon.	On assiégea inutilement Perpignan.
1557. Ligue contre la France entre *Philippe II*, roi d'Espagne, et *Marie*, reine d'Angleterre.	La guerre finit en 1559 par la paix de Cateau-Cambrésis.
1581. Par le conseil du prince d'Orange, les Etats de Flandres assemblés se dégagent de l'obéissance envers *Philippe II*, et s'adressent au duc d'Anjou qui donne, par reconnaissance, la Hollande et la Zélande au prince d'Orange. Le duc est, en 1582, authentiquement salué duc de Brabant.	Le duc assemble les Etats, leur propose de se réunir à la France s'il mourait sans enfans. Sur le refus des Flamands, il veut s'emparer de leurs principales villes, ce qui fit une autre guerre. Le duc meurt en 1584. Les Etats offrirent leur pays au roi de France; mais *Henri III* avait de la peine à conserver le sien.
1595. *Henri IV* déclare la guerre à l'Espagne par un manifeste.	Finie au traité de Vervins, en 1598.
1634. Enlèvement par les Espagnols de l'archevêque de Trèves. Le roi de France, sur le refus qu'on fit de le mettre en liberté, prit les armes.	Cette guerre eut une longue durée. En 1640, la Catalogne se constitua en république et se mit sous la protection de la France, à qui elle finit par se donner, ce qui fit oublier l'archevêque de Trèves. On vit tour-à-tour *Turenne* et *Condé* passer au service d'Espagne. On signa la paix en 1659.
1667. A la mort du roi d'Espagne, sa fille la reine de France avait des droits sur le duché de Brabant: la régence d'Espagne ayant refusé de les reconnaître, *Louis XIV* prit les armes.	Campagne glorieuse pour les Français. La Franche-Comté fut conquise et rendue au traité d'Aix-la-Chapelle en 1658.
1673. Ligue du roi d'Espagne avec l'Empire et la Hollande contre la France.	La trêve pour vingt ans, conclue à Ratisbonne en 1684, mit fin à cette guerre de onze ans.
1719. La France déclare la guerre à l'Espagne.	Terminée la même année par l'expulsion d'*Albéroni*, cause de la guerre. On verra ailleurs les autres guerres avec l'Espagne.

GUERRES CONTRE LES ITALIENS.

Causes.	*Résultats.*
512. *Théodoric*, roi d'Italie, prit le parti d'*Alaric*, dont le fils avait épousé sa fille, et fit la guerre à la France.	Il s'empara de plusieurs places du midi de la France, qui lui restèrent.
536. L'empereur *Justinien* se ligue avec les trois rois de France contre les Ostrogoths, dont le roi conclut avec les mêmes rois un traité pareil Chacun compta sur ces rois, qui ne prirent le parti de personne.	Le roi d'Austrasie se rendit en Italie, battit l'armée de l'empereur et celle des Goths. Cette guerre dura onze ans.
554. Les Français secourent les Goths contre l'Empereur.	Ils vainquirent d'abord les Hérules, et furent ensuite battus.
568. Les Lombards entrent dans la province appelée depuis le Dauphiné.	Guerre terminée en 574 par un traité de paix qui donnait Aost et le pays de Suze au roi de Bourgogne.
588. L'empereur *Maurice*, voulant chasser les Lombards de l'Italie, engage le roi de France dans ses intérêts.	Le roi envoya deux armées en Italie : la première fut battue ; la seconde envahit le Milanais et périt de faim : la terreur qu'elle inspira fit conclure la paix en 594.
754. *Astolphe*, roi des Lombards, chasse le pape *Zacharie*, qui se réfugie en France. *Pépin* prit les armes pour le rétablir.	*Astolphe* est vaincu. Traité de Pavie, par lequel il donne au pape Ravenne et Narni.
755. *Astolphe* reprit les armes.	756. Vaincu, il consentit à l'exécution du premier traité, et donna au pape la ville de Comachio.
774. *Didier* ayant refusé de confirmer le traité de Pavie, *Charlemagne* lui déclara la guerre.	*Charles* conquit la Lombardie, prit le titre de roi des Lombards, et envoya *Didier* en France dans un cloître.
786. Le fils de *Didier*, le duc de Bavière et celui de Bénévent se liguent contre *Charlemagne*. L'empereur d'Orient, piqué contre ce prince qui lui avait	*Charles* passe promptement en Italie; il bat ses ennemis. Une armée de Grecs, envoyée par *Constantin*, ne fit qu'augmenter la gloire de *Charlemagne*, qui

Causes.	*Résultats.*
refusé sa fille, se joignit à ses ennemis.	remporta sur eux une victoire complète.
807. Dans le partage des deux empires, la Dalmatie avait été cédée à *Charlemagne* : les Vénitiens engagèrent *Nicéphore* à s'en emparer.	L'armée qu'envoya *Charlemagne* fut battue. Le patrice *Nicétas* rétablit le duc de Venise en Dalmatie ; mais, en 809, ils en furent chassés, et les Français ravagèrent les environs de Venise.
1263. *Urbain IV* donne la Sicile à *Charles*, second fils de France, au préjudice de *Mainfroy* qui fit alliance avec le roi d'Aragon, et donna sa fille en mariage au fils de ce roi. C'est par ce mariage que les rois d'Aragon parvinrent dans la suite au trône de de Sicile. *Clément IV* ratifia la donation d'*Urbain*, et obtint de *Louis IX* une décime sur le clergé de son royaume.	*Charles* leva une forte armée, se rendit à Rome, où le pape le couronna roi de Sicile. Il s'empara bientôt de ce royaume par la bataille de Bénévent en 1266, dans laquelle *Mainfroy*, vaincu, se jeta dans la mêlée et trouva la mort qu'il cherchait.
1268. *Conradin*, véritable héritier du trône de Sicile, que *Mainfroy* lui avait enlevé, adressa un manifeste à tous les princes de l'Europe pour implorer leur secours. Il entre en Italie à la tête d'une forte armée.	Ce prince fut battu par *Charles*, qui le fit prisonnier ainsi que *Frédéric* et *Henri de Castille*. *Conradin* et *Frédéric* eurent la tête tranchée. *Henri* resta vingt-cinq ans en prison.
1282. *Jean*, seigneur de Prosida, dépouillé par le roi *Charles*, conspira contre les Français. Ainsi *Charles*, en vertu de la donation du pape, fit trancher la tête au véritable roi, et causa le massacre des Français. Le roi d'Aragon prit le parti des Siciliens : il proposa à *Charles* de vider leur différend par un combat particulier, assisté chacun de cent chevaliers.	22 mars, vêpres siciliennes. Massacre des Français au nombre de huit mille ; la seule ville de Sperlinga ne voulut pas se souiller de ce crime ; on grava cette inscription sur sa porte principale : *Quod Siculis placuit, sola Sperlinga negavit.* Le rendez-vous était à Bordeaux : *Charles* s'y trouva, mais le roi d'Aragon n'y parut point.
Charles ne se crut pas obligé de tenir ce qu'il avait promis. Il	En 1288, *Charles-le-Boiteux*, fils de *Charles*, qui venait de mourir, ayant été pris par le roi d'Aragon, fit un traité par lequel il renonçait au royaume de Sicile ; on lui rendit la liberté.

Causes.	*Résultats.*
passa en Italie, et se fit couronner par le pape *Nicolas IV*.	En 1294, le royaume de Sicile fut partagé en deux. *Frédéric* eut l'île et le titre ; *Charles-le-Boiteux* porta celui de roi de Naples; ce qui termina la guerre.
1383. *Jeanne* adopte *Duras*, son parent, qui conspire contr'elle : elle cassa ce premier acte et adopta le duc d'Anjou. *Duras* obtint du pape l'investiture du royaume de Naples. Il fit étrangler la reine.	Le duc d'Anjou parut avec une armée de soixante mille hommes : il eut d'abord des succès, mais *Duras* affama le pays. Des maladies contagieuses enlevèrent une partie de l'armée du duc, qui mourut à Bari.
1389. Le pape couronne à Avignon le fils du duc d'Anjou. Ainsi il y eut deux prétendans au même trône.	*Louis d'Anjou* s'empara de Naples, qu'il perdit quelque tems après.
1390. Gènes obtient des secours de la France contre les Africains.	La noblesse française assiégea Carthage, battit le roi de Tunis et le rançonna.
1459. Les Gênois implorent la protection de *Charles VII* contre *Ferdinand d'Aragon*.	Les Français en chassent les partisans de *Ferdinand*, qui y rentrent après leur départ.
1493. *Charles VIII*, sollicité par le pape, veut conquérir le royaume de Naples; mais, l'année suivante, le pape change de parti. La guerre recommence en 1496, et continue sous *Louis XII* et *François I* jusqu'au traité de paix de 1529.	*Charles* conquit l'état de Naples après avoir assiégé dans Rome le pape, qui se ligue ensuite avec l'empereur, le duc de Milan, la république de Venise, pour empêcher le retour de *Charles* : mais ce roi, par le traité de Novarre, en 1495, força le duc de Milan de lui livrer passage.
1534. Le droit des gens, violé par le magistrat de Milan qui fit trancher la tête à l'ambassadeur de *François I*, força ce prince à reprendre les armes : la Savoie et l'empereur s'unirent contre lui. En 1542, l'assassinat de deux gentilshommes envoyés, l'un à la Porte et l'autre à Venise, font recommencer la guerre qu'une trêve avait suspendue.	C'est pendant cette guerre qu'il y eut des affaires glorieuses, entr'autres la bataille de Cérisoles. En 1543, *François I* fit un traité d'alliance avec l'empereur de Constantinople. La guerre était juste : elle fut terminée le 18 septembre 1544 par le traité de Crépi; mais l'Italie était toujours une cause de querelles.

Causes.	*Résultats.*
1550. Le duc de Parme, menacé par le pape et par l'empereur, a recours à *Henri II*. On reprit bientôt les armes. Le roi se ligua avec les princes d'Allemagne.	Les Français dévastèrent une partie de l'Italie. Le pape menaça *Henri* de l'excommunier. Ce roi défendit à ses sujets de faire passer aucun argent à Rome. Le pape s'adoucit et demanda une suspension d'armes. Le traité de Cateau-Cambresis termine cette guerre en 1569.
1588. Invasion du duc de Savoie, qui, pendant les guerres civiles de France, s'empare du marquisat de Saluces.	Ce ne fut qu'en 1601 que le duc se vit obligé d'accepter la paix.
1624. Guerre de la Valteline. Les Espagnols s'étaient emparés de ce pays occupé par les Grisons, alliés de la France qui les secourut.	Cette cause fit naître d'autres guerres avec la Savoie, qui avait toujours quelques prétentions à faire valoir.
1684. *Louis XIV*, ayant à se plaindre de Gênes, y envoya une armée navale.	La ville fut bombardée. Le 15 mars 1685, le doge, et quatre sénateurs, vinrent à Versailles faire leurs soumissions au roi.

GUERRES CONTRE LES NORMANDS.

De 810 *à* 947.

Depuis 810 jusqu'en 947, les Danois, qu'on appelait *hommes du Nord*, vinrent ravager les côtes de la France. Ils pénétrèrent souvent dans l'intérieur du pays, et finirent par se fixer dans une province que la faiblesse de nos rois leur céda, et à laquelle on donna le nom sous lequel on désignait ces pirates. La nécessité les forçait à s'expatrier. L'excès de la population obligeait les peuples du Nord de rassembler tous les cinq ans une grande partie des jeunes gens. On les donnait en partage à des princes, pour aller chercher fortune en d'autres contrées. Voici les descentes les plus remarquables.

Expéditions.	*Résultats.*
810. *Godefroy*, roi de Danemarck, pille la Frise.	*Charlemagne* se campe au confluent de la Lare et du Wéser. *Godefroy* se retire.
820. Descente dans le Poitou.	Ils se rembarquent après quelques pillages.
841—843. Ils prennent Rouen et plusieurs villes de la Gascogne.	Ils battirent deux fois le duc de Gascogne, qui les défit et les chassa de son pays.
844. Ils s'emparent de Nantes.	Ils massacrèrent les habitans, pillèrent Noirmoutier, et se rembarquèrent.
845. Prise de Rouen. Pillage de Melun et des environs de Paris.	Le roi de France leur fait accepter un traité par lequel ils s'obligeaient à ne jamais revenir, moyennant sept mille livres d'or qu'on leur donna; c'était leur fournir des moyens de revenir.
De 847 à 875. Ils entrent à-la-fois par la Garonne, par la Seine et par la Loire.	Ils pillèrent Bordeaux, Tours, Beauvais, etc. On se réunit à la fin, et ils furent complètement battus près de Poitiers.
En 869 ils prennent Angers, s'y fortifient et y restent quatre ans.	Ils y furent assiégés et capitulèrent, obtenant la permission d'emmener leurs effets.
880. Ils ravagent le Hainaut, la Flandre et le Boulonnais. 881, ils entrent par la Somme, et dévastent la Picardie.	Arras demeure trente ans désert. Quatre bourgeois de Tournai, réfugiés à Noyon, rebâtirent leur ville, et en louèrent les maisons à qui voulut les habiter.
882. L'empereur *Charles* passa le Rhin et les chassa.	Ils emportèrent tout le butin quiils avaient pris.
Ils revinrent tous les ans jusqu'en 905. *Rollon*, leur chef, se maintint depuis cette année : il fut le premier duc de Normandie, et prit le nom de *Robert*.	Il prit Rouen, Nantes, Angers, le Mans et Tours. Plusieurs vassaux s'allièrent aux Normands, dont ils se servaient contre le roi.
En 947, on reçut à foi et hommage les Normands.	912. On leur donne la Neustrie à titre de duché. Il n'y eut plus de descente depuis 956. Les Normands avaient une autre patrie qu'ils étaient disposés à défendre contre les Danois.

GUERRES AVEC LES ANGLAIS.

La conquête de l'Angleterre, par *Guillaume*, duc de Normandie, est la première origine des guerres entre la France et l'Angleterre, dont les habitans n'avaient point de rapports entre eux avant cette époque. Les ducs de Normandie ne voulurent plus se reconnaître pour vassaux de la France. La maison d'Anjou qui leur succéda, incorpora ses possessions continentales à la monarchie anglaise : le mariage de *Henri II*, avec *Eléonore*, augmenta ces possessions : de là, cette querelle qui dura quatre siècles (de 1060 à 1453), et qui, quoiqu'interrompue par des trêves ou des traités de paix, étant toujours la cause de la reprise des armes, et faisant toujours succéder une guerre à une autre guerre, n'en forme véritablement qu'une seule. Le sujet de la querelle cessa en 1453 par la réunion à la couronne de France, des provinces que l'Angleterre possédait sur le continent; les prétentions des rois de la Grande-Bretagne qui ont continué de prendre, après la perte de leurs provinces, les armes et le titre de rois de France, n'étant pas reconnus, parce que le droit et la possession sont deux choses distinctes. Les guerres postérieures à l'année 1479 ont une autre cause. C'est dans cette année que se conclut le traité de Londres, dans lequel les deux rois convenaient d'une trêve qui devait durer pendant leur vie, et cent ans après la mort de celui qui précéderait l'autre. Pendant ces quatre siècles les Anglais se firent aider, tantôt par des princes voisins de la France, et tantôt par des mécontens qu'ils soudoyèrent. Il serait trop long de présenter le tableau des nombreuses affaires, des siéges et des batailles qui eurent lieu dans cette lutte longue et sanglante. Nous allons passer aux guerres qui eurent une autre cause.

Causes.	*Résultats.*
1513. Le pape *Léon X* engage les Anglais à faire la guerre aux Français, espérant qu'ils abandonneraient l'Italie.	Les Anglais eurent l'avantage. La paix se fit en 1514. Le roi de France devait épouser la sœur du roi d'Angleterre.
1522. L'empereur fait déclarer la guerre au roi d'Angleterre.	Terminée le 24 mars 1550. On rendit Boulogne à la France.
1557. *Marie*, reine d'Angleterre, envoie neuf mille hommes devant Saint-Quentin, aux Espagnols qui étaient en guerre avec la France.	La paix fut conclue en 1559 au traité de Cateau-Cambresis.
1563. *Charles IX* demande à la reine d'Angleterre le Hâvre que les Huguenots avaient remis à cette princesse. Sur son refus, la guerre est déclarée.	La ville fut assiégée et prise par les troupes du roi. La paix se fit en 1564.
1666. *Louis XIV*, ayant offert inutilement sa médiation aux Anglais dans leur guerre avec les Hollandais, prend le parti de ces derniers.	On enlève aux Anglais l'île de Saint-Christophe : ils furent battus sur mer. 1667, paix de Bréda.

Les Anglais s'étant toujours réunis à d'autres Puissances pour nous combattre, leurs guerres seront rappelées dans un autre tableau.

CROISADES.

La politique des papes, l'esprit religieux du tems et l'enthousiasme d'un moine causèrent ces expéditions. A la voix d'un pélerin on s'assemble, on se met sur l'épaule une croix rouge, on part pour aller combattre les infidèles, on pille en chemin les chrétiens, et l'on arrive sur les côtes de l'orient. Il y eut neuf croisades; en voici l'énumération :

1095. — 1ère *Croisade*. *Pierre* l'ermite et *Renaud* commandèrent le premier détachement des croisés; ils furent battus par *Soliman* près de Nicée. L'ermite se sauva; *Renaud* se rendit; et, pour conserver leur vie, ses compagnons et leurs chefs se firent turcs. L'année suivante, *Godefroy de*

Bouillon se mit en marche; il rendit six cent mille croisés à Constantinople; il fut élu généralissime, et prit Jérusalem dont il devint le roi. Le *Tasse* a chanté cette expédition; c'est la seule qui eut du succès.

1145. — 2e *Croisade.* Le pape *Eugène III* ordonne, par un bref, à *Saint-Bernard*, de prêcher une croisade en France et en Allemagne. L'empereur *Conrad* et *Louis VII* se mettent en route en 1146. *Manuel,* empereur de Constantinople, fit périr leur armée.

1190.—3e *Croisade,* prêchée par l'archevêque de Tyr, envoyé par le roi de Jérusalem. Ce prélat reconcilia *Philippe-Auguste* avec *Henri II,* les engagea à se croiser, et continua sa mission en allant en Allemagne. *Frédéric Barberousse, Richard Cœur-de-Lion* et *Philippe-Auguste* partirent. Le premier mourut pour s'être baigné dans le Cidnus après son dîner; les deux autres s'emparèrent de Ptolémaïs, se disputèrent et revinrent.

1195.—4e *Croisade,* prêchée par les légats de *Célestin III.* Le roi de France et celui d'Angleterre étant armés l'un contre l'autre, il n'y eut que l'empereur *Henri VI* et les princes d'Allemagne qui partirent pour la terre sainte; les ducs de Saxe et d'Autriche y perdirent la vie; les autres revinrent.

1203.—5e *Croisade,* prêchée par les légats d'*Innocent III. Baudouin*, comte de Flandre, aidé des Vénitiens, commande l'expédition qui n'avait point pour but de piller Constantinople, ce qu'on fit cependant. Les Vénitiens prirent le Péloponnèse et Candie.

1215. — 6e *Croisade,* prêchée par *Honoré III.* Le roi de Hongrie en fut le chef. Il y eut un corps de Français; le reste était composé de moines, de femmes et d'enfans.

1239. — 7e *Croisade, Thibaud,* comte de Champagne, en fut le chef; il avait sous lui le duc de Bourgogne: elle était, en grande partie, formée de Français. Tous les croisés furent tués ou pris, à l'exception du duc de Bourgogne qui se sauva.

1244. — 8e *Croisade. Innocent IV* la prêcha dans un concile à Lyon. Les cardinaux reçurent le chapeau rouge pour marque de leur dignité et comme signe de l'obligation qu'ils prenaient de verser leur sang contre les infidèles. Les comtes de Poitiers, d'Artois et d'Anjou se croisèrent. *Louis IX* les suivit en 1248, emmenant avec lui une multitude de seigneurs. Ce roi s'empara de Damiette; mais il fut pris ensuite et paya une rançon considérable.

1270. — 9e *et dernière Croisade*. *Louis IX* la commanda; il mourut devant Tunis. Les chrétiens furent entièrement chassés de la Palestine en 1291, cent quatre-vingt-onze ans après que *Godefroy de Bouillon* et les autres princes eurent conquis et fondé le royaume de Jérusalem, qui fut gouverné par quatorze rois. L'Europe perdit, dans ces expéditions, deux millions d'hommes et deux cent millions d'argent. On rapporta de Constantinople quelqu'idée des arts et des sciences. C'est aux croisades que remonte l'origine des chevaliers du Temple, de Malte et de l'ordre Teutonique.

GUERRES DE RELIGION.

Quoique les guerres religieuses soient de véritables guerres civiles, cependant elles ont des différences qui les distinguent des factions causées par le mécontentement ou la politique. Dans celles-ci la cause cesse avec les effets et les résultats, tandis qu'elle leur survit dans les troubles de religion.

Les trois principales guerres de ce genre sont celles contre les Albigeois, contre les Vaudois et contre les Huguenots.

On a donné le nom de *Vaudois* à une secte traitée d'hérétique, et dont le chef était *Pierre Valdo*, bourgeois de Lyon, qui vivait en 1160; on les massacra plutôt qu'on ne les combattit.

Les Albigeois, ainsi nommés de la ville d'*Albi*, passaient pour reconnaître le bon et le mauvais principes. En 1208, *Innocent III* fit prêcher contr'eux une croisade. *Philippe-Auguste* fournit quinze mille hommes. Le comte de *Montfort* commanda l'expédition; *Raymond VI*, comte de Toulouse, était à la tête des Albigeois. Comme toutes les guerres religieuses, celle-ci fut sanglante; *Louis VIII* la termina en 1226. La paix fut suivie du tribunal de l'inquisition qu'on établit à Toulouse. C'était prolonger la guerre sous une autre forme. Peu de sectes pourraient résister à des croisades et à l'inquisition; aussi celle des Albigeois fut-elle détruite.

Guerre religieuse de 1560 à 1629. — On pourrait assigner trois causes à cette guerre. La première est le fanatisme, maladie dangereuse qui se manifeste presque toujours lorsqu'on veut introduire dans une religion des changemens ou des innovations. Elle fut produite par les doctrines de *Luther* et de *Calvin*, qui n'avaient ni les talens, ni les vertus nécessaires pour bien jouer le rôle de réformateur, dans lequel il faut de la persuasion et de la bonne foi. Aussi la haine contre les papes fit en grande partie le succès de la réforme. L'ambition des grands, qui voulurent profiter du fanatisme, est la seconde cause. Enfin, on trouve la troisième et la principale dans la faiblesse des rois qui pouvaient, avec de l'énergie, étouffer les deux premières. Cette guerre remplit trois règnes, en trouble quatre autres et cause beaucoup de mal.

En 1559, le cardinal de Lorraine et le duc de Guise s'étant rendus maîtres du gouvernement, le prince de Condé, l'amiral *Coligni* et un grand nombre de seigneurs formèrent le projet d'enlever le roi; projet qui manqua par l'indiscrétion de *La Renaudie*, chef du complot qu'on devait exécuter à Amboise. Cette conspiration, dirigée contre les *Guises*, eut la religion pour prétexte. Mais, comme dit un auteur contemporain, *il y avait plus de malcontentement que de huguenoterie*. Quoi qu'il en soit, elle fit naître cette guerre qui prit différens caractères suivant les passions des chefs, et fut souvent interrompue par des traités.

Nous allons parcourir rapidement les circonstances qui nous paraissent mériter le plus l'attention.

1560. Le prince de Condé est arrêté: le parlement le déclare innocent. Triumvirat de *Guise*, *Montmorenci* et *Saint-André*.

1561. Colloque de Poissi. On voulut concilier les esprits, ce qui ne se peut, en fait de religion, qu'en les laissant libres.

1562. Massacre de Vassi; il fit prendre les armes. Le prince de Condé traite avec la reine *Elizabeth* et les princes protestans, qui lui envoient sept mille hommes.

1562. Bataille de Dreux. Les généraux en chef des deux armées furent pris; elle fut gagnée par *Guise*, qu'on appelait le *général des généraux*.

1563. Première paix signée à Amboise : elle dura deux ans. La guerre recommença en 1565.

1568. Deuxième paix signée à Longjumeau : on l'appela la *petite paix*, parce qu'elle n'eut que six mois de durée.

1570. Troisième paix signée à Saint-Germain : on l'appelle la paix *boiteuse et mal assisse*, parce que *Biron et Demesme*, qui la conclurent étaient, l'un boiteux et l'autre seigneur de Malassise.

1572. Massacre de la Saint-Barthélemi; *action exécrable*, dit *Péréfixe*, *qui n'avait jamais eu et qui n'aura, s'il plait à Dieu, jamais de semblable*. Il y eut six mille hommes égorgés à Paris, et vingt-cinq mille dans les provinces. On reprit les armes.

1573. Projet de république par les chefs protestans.

1573. Quatrième paix.

1574. Il parut un parti nommé *les Politiques*, auquel se lièrent les protestans. On recommence la guerre.

1576. Cinquième paix. Elle mécontenta les catholiques, causa la Ligue, et n'eut que quelques mois de durée.

1577. Sixième paix signée à Poitiers. Malgré cette paix, on se battit toujours dans le midi.

1585. Traité de Nemours fait avec les ligueurs aux dépens des protestans.

1586. Les trois partis furent armés. *Guerre des trois Henris : Henri III, Henri de Navarre* et *Henri* duc de Guise.

1586. Les électeurs de Saxe et de Brandebourg, le landgrave de Hesse, offrent leur médiation à *Henri III*, qui avait à combattre et la Ligue et les protestans. Sur le refus de ce prince, ils envoyèrent des secours au parti des réformés.

1587. Faction des Seize. Espèce de ligue particulière pour Paris seulement, ainsi nommée parce que les factieux s'étaient distribué les seize quartiers de Paris.

1588. *Journée des Barricades*. Les troupes du roi y furent forcées; il se retira de Paris, et fit un traité avec le roi de Navarre. Au lieu de trois partis, il n'y en eut plus que deux. Les protestans respirèrent sous le règne de *Henri IV*.

1620. La guerre contre les protestans recommence à la demande du nonce *Bentivoglio*.

1622. Septième paix de Montpellier, rompue l'année suivante.

1626. Huitième paix.

1627. Les protestans font un traité secret avec les Anglais, qui commencent la guerre contre *Louis XIII*, sans aucune déclaration préliminaire.

1629. Edit de pacification qui termine la guerre. On dépouille le parti calviniste, et l'on ne cesse de le tourmenter jusqu'à la révocation de l'édit de Nantes.

GUERRE DE LA LIGUE.

De 1589 *à* 1598.

Cette guerre vint, si l'on peut s'exprimer ainsi, à la traverse de la guerre religieuse. Il y eut, pendant quelque tems, trois partis distincts l'un de l'autre, ayant des intérêts différens, et chacun se faisant secourir par des troupes étrangères. On vit les Espagnols, les Suisses, les Allemands et les Anglais venir aider les Français à se détruire.

L'avilissement de *Henri III* et sa faiblesse firent concevoir au duc de Guise le projet de lui succéder. Il fit circuler dans Paris un projet d'association pour défendre la religion, le trône et la liberté de l'Etat. Cette ligue fut signée à Péronne et dans toute la Picardie en 1576. Autorisée par le pape, protégée par le roi d'Espagne, elle compta bientôt de nombreux partisans dans toute la France. *Henri III*, qui ne pouvait juger ni les hommes, ni les circonstances, s'en déclara le chef : elle devint plus hardie. Le roi s'aperçut bientôt de sa faute : il n'y trouva d'autre remède que de faire assassiner, en 1588, le duc de Guise. Cette action fit prendre les armes aux ligueurs, qui s'emparèrent des principales villes du royaume et de Paris. Ils nommèrent le duc de Mayenne, frère du duc de Guise, lieutenant-général de l'état royal et couronne de France. *Henri III* fit enfin, par nécessité, ce que depuis long-tems il aurait dû faire par prudence ; ce fut de recourir au roi de Navarre, et d'unir ses intérêts aux siens. L'ambassadeur d'Espagne, *Bernardin de Mendose,* se déclara pour les rebelles, et se rendit de Blois à Paris.

Le 3 août 1589, *Henri de Navarre* est reconnu roi par une partie de l'armée royale ; l'autre se joignit à la Ligue. La retraite de *D'Epernon,* qui eut la lâcheté d'abandonner *Henri IV,* affaiblit encore le parti de ce prince. C'est alors que l'on vit ce que peut un roi qui a des talens et du caractère. *Henri* ne commit qu'une faute, mais elle était grande : ce fut de proposer au duc de Mayenne de partager le royaume avec lui ; heureusement pour la France le duc refusa : il eut trop de confiance, *Henri* n'en avait pas assez. Le refus de *Mayenne* lui rendit le courage. Il résolut de conquérir son royaume ; il y parvint à l'aide de quelques braves qui lui formèrent une armée. *Elisabeth* lui envoya quatre mille hommes. Il eut un détachement de Suisses ; mais les ligueurs avaient une armée plus nombreuse : ils étaient soutenus par l'Espagne et la Savoie, autorisés par une excommunication fulminée contre *Henri;* la bravoure et l'activité de ce prince triomphèrent de tout. En 1598, la guerre fut entièrement terminée au mois d'avril.

GUERRES CONTRE LES HOLLANDAIS.

De 1672 *à* 1678.

La protection donnée par les Hollandais à la triple alliance qui força *Louis XIV* à la paix d'Aix-la-Chapellé, l'impertinence de leurs gazettes et de leurs médailles injurieuses causèrent cette guerre.

Toutes les guerres, outre les causes générales, ont des causes particulières dont l'influence est incontestable, quoiqu'elles ne soient pas toujours connues. Dans celle-ci, l'intérêt de *Louvois* était d'occuper *Louis XIV*; et, pour y parvenir, il l'engageait toujours à la guerre. On vit ce qui n'avait point encore paru et ce qui ne s'est plus revu, l'union de l'Angleterre avec la France : elle fut due à la duchesse de *Porsthmouth*, française d'extraction et maîtresse de *Charles II*; mais le stathouder fit bientôt cesser cette union en épousant la nièce du roi.

L'empereur, les Espagnols et l'électeur de Brandebourg prirent parti contre la France; et, en 1674, le parlement britannique força le roi d'Angleterre de rappeler ses troupes et d'armer contre *Louis XIV*.

Deux traités de paix finirent cette guerre : le premier conclu à Nimègue avec la Hollande, et le second signé avec l'Espagne; les résultats en furent avantageux à *Louis XIV*.

GUERRE DE LA LIGUE D'AUGSBOURG.

De 1688 *jusqu'en* 1697.

Dans cette guerre, toutes les puissances de l'Europe, excepté la Suède et quelques souverainetés d'Italie (le grand duc, le duc de Parme, Gênes) prirent les armes. Les deux maisons puissantes étaient celles de France et d'Autriche : la première se soutenait seule et avec avantage contre l'Empire, l'Espagne, l'Angleterre et la Hollande.

Léopold, alarmé des conquêtes de *Louis XIV* et craignant l'agrandissement de ce prince, souleva les autres puissances. L'Espagne voulait recouvrer ce qu'elle avait perdu depuis 1667 : le prince d'Orange, l'ennemi de *Louis XIV*, venait de chasser son beau-père du trône d'Angleterre; il engagea facilement la Hollande dans la querelle.

Cette coalition fut signée à Augsbourg en 1686, par les intrigues secrètes du prince d'Orange, des ministres de l'Empereur et du prince de Neubourg. En février 1687, les divertissemens du carnaval couvrirent les projets du duc de Savoie, du duc de Bavière, et de quelques autres princes d'Allemagne qui se rendirent à Venise, et contractèrent des engagemens pour entrer dans la ligue d'Augsbourg.

Une autre cause de cette guerre fut l'élévation faite par *Louis XIV* du cardinal de *Furstemberg*, évêque de Strasbourg, à l'électorat de Cologne. Il fut d'abord élu coadjuteur, et réunit tous les suffrages après la mort de l'électeur. Les princes de l'Empire et la Hollande s'opposèrent à cette nomination : le pape ne voulut point la confirmer, ce qui lui fit perdre Avignon.

Enfin *Louvois*, par sa hauteur et sa dureté, força le duc de Savoie à rompre avec la France. Ce ministre était grand-maître des postes : il faisait passer par les Etats du prince la malle de France à Rome, et des voitures chargées d'une infinité de marchandises, sans vouloir ni qu'on les visitât, ni qu'on payât aucun droit aux douanes de Savoie. Ainsi l'intérêt particulier d'un ministre donna à *Louis XIV* un ennemi de plus.

Le roi eut à-la-fois cinq corps d'armées dans le cours de cette guerre, et jamais moins de quatre; ils montaient à 450 mille hommes.

Malgré tant d'ennemis, *Louis XIV* conserva sa supériorité. La paix, signée à Riswick en 1697, termina cette quadruple guerre.

GUERRE DE LA SUCCESSION D'ESPAGNE.

La succession d'Espagne consistait dans l'Espagne, la Sardaigne, Naples, la Sicile, le Milanais, les Pays-Bas et les possessions aux deux Indes. *Charles II* mourut en 1700, sans enfans, après avoir déclaré par son testament *Philippe de France*, duc d'Anjou, son héritier.

L'Empereur réclame la succession, prétendant faire valoir les testamens de *Philippe III* et de *Philippe IV* qui, à défaut des mâles, appelaient au trône la branche allemande, et meme les princes sortis des filles de la branche espagnole, à l'exception de la maison de France formellement exclue par ces testamens. Si l'on reconnaît dans *Philippe* le droit d'exclure une famille régnante, on doit reconnaître, par la même raison dans *Charles II*, le droit d'appeler la même famille, et d'annuler l'exclusion dont elle était l'objet.

Louis XIV accepta le testament, salua son petit-fils roi d'Espagne, et fit partir ce prince pour ses Etats.

L'Empereur se déclara. La Hollande et l'Angleterre craignant que la France ne leur ôtât le commerce lucratif qu'elles faisaient avec l'Espagne, se liguèrent avec ce prince, dont le corps germanique prit les intérêts. Les électeurs de Bavière et de Cologne, oncles de *Philippe*, restèrent neutres. Tous les autres vendirent leurs troupes aux ennemis de *Louis XIV*.

Le roi de France eut donc à lutter contre la Hollande, l'Autriche, l'Empire, l'Angleterre, la Prusse, la Savoie, Modène, et le Portugal : il était seul, car il s'agissait de conquérir l'Espagne et de défendre les frontières de la France. Après des revers et des échecs, *Philippe V* fut établi sur le trône par le duc de Vendôme. Remarquons que lorsque les préliminaires furent signés entre l'Angleterre et la France, le général anglais prit deux places aux alliés.

La guerre finit au traité d'Utrecht en 1713. En voici le résultat : la monarchie espagnole fut démembrée. La maison de Bourbon eut l'Espagne et les Colonies; la maison de Savoie, la Sicile et l'assurance de la succession éventuelle de l'Espagne; l'Autriche eut les Pays-Bas, le Milanais, Naples et la Sardaigne; l'Angleterre, Gibraltar, Minorque, Terre-Neuve, et des priviléges de commerce : la Hollande, une barrière de places fortes du côté de la Flandre : l'électeur de Brandebourg fut reconnu roi. Ces résultats font voir, sans le récit des faits, que la gloire de *Louis XIV* s'éclipsait ainsi que son bonheur. Cependant il eut pour son fils le trône d'Espagne principal objet de la contestation, et qui eût été plus long-tems disputé sans la mort de l'Empereur.

GUERRE DE LA SUCCESSION DE POLOGNE.

De 1733 *en* 1735.

Charles XII, roi de Suède, ayant détrôné *Auguste*, électeur de Saxe et roi de Pologne, en 1704, fit élire à sa place *Stanislas Leczinski* qui fut obligé de quitter ses Etats en 1709, lors des revers du roi de Suède. *Auguste* étant mort, *Stanislas* se présenta pour monter sur le trône; mais *Auguste II* le lui disputa, soutenu de la Russie et de l'Autriche. *Louis XV*, devenu le gendre de *Stanislas*, donne des secours à ce prince. Dans le courant de la guerre, l'Empire se joignit à l'Autriche, et l'Espagne avec la Savoie prirent le parti de la France. *Don Carlos*, aidé du duc de *Mortemar*, conquit en peu de tems Naples et la Sicile.

Les événemens de cette guerre et presque tous ses résultats furent totalement étrangers à la cause. Il s'agissait de la Pologne et de *Stanislas*; l'on se battit sur les bords du Rhin et en Italie. Voici les résultats : *Auguste* demeura roi de Pologne, et *Stanislas* eut la Lorraine. Le duc de Lorraine devint grand duc de Toscane. *Don Carlos* fut roi des Deux-Siciles; le roi de Sardaigne eut quelques portions du Milanais; l'empereur reçut le duché de Parme en indemnité de la Sicile. On se battait pour le trône de Pologne, et l'on ne s'occupa que des souverainetés de l'Italie et de la Lorraine dont il n'était pas question.

GUERRE DE LA SUCCESSION D'AUTRICHE.

De 1740 à 1748.

La succession d'Autriche consistait dans l'Autriche, le Tyrol, le Brisgaw, la Bohême, la Silésie, la Hongrie, le Milanais, Mantoue et Parme. *Charles VI* voulut l'assurer à *Marie-Thérèse* et à son gendre la dignité impériale; l'acte qui contenait ces dispositions fut accepté et signé pendant la vie de l'empereur par ses sujets et par tous les princes de l'Europe, ce qui n'empêcha pas qu'il se présentât à sa mort pour partager son héritage, le duc de Bavière, l'électeur de Saxe roi de Pologne, le roi d'Espagne, le roi de Prusse et le duc de Savoie. On vit d'un côté l'Autriche, l'Angleterre, la Hollande et la Savoie; de l'autre, la France, l'Espagne, la Bavière, Naples et la Prusse. Chaque parti eut tour-à-tour de la gloire et des revers. *Marie-Thérèse* recueillit l'héritage disputé, à l'exception de la Silésie dont le grand *Frédéric* s'était emparé; de Parme qui fut donné au frère du roi d'Espagne, et de quelques districts du Milanais qui échurent à la Sardaigne. La paix fut signée, en 1748, à Aix-la-Chapelle.

GUERRE DE SEPT ANS.

Marie-Thérèse, *Auguste*, roi de Pologne, et l'impératrice *Elisabeth* étaient liés d'intérêt, et formaient des projets contre *Frédéric*. Pour prévenir l'orage, le roi de Prusse prend les armes et commence par envahir la Saxe. Le conseil aulique déclara perturbateur du repos public et rebelle *Frédéric*, qui répondit en gagnant des batailles. Le cabinet de Versailles, qui devait être, par politique, l'allié de ce prince, se joignit à l'Autriche, union que le parlement britannique qualifia de monstrueuse. L'Angleterre prit le parti de *Frédéric*; mais ce prince pouvait d'autant moins tirer des secours de cette puissance, que la flotte anglaise fut complétement battue. *Frédéric* vit presque toutes les puissances continentales réunies contre lui. Il éprouva des revers; mais ensuite il remporta tant d'avantages, qu'il sortit de cette lutte sans perte et avec gloire. La guerre commencée en 1756 fut terminée en 1763, et la Silésie fut cédée au roi de Prusse qui l'occupait depuis long-tems.

GUERRE D'AMÉRIQUE.

Treize des colonies anglaises se réunirent solennellement en 1776, et secouèrent le joug de la métropole. La France prit leur parti en 1778 contre l'Angleterre. La prise du lord *Cornwallis* et de son armée força les Anglais à reconnaître l'indépendance des Américains par un traité de paix signé en 1783.

Telles sont les guerres que la France a soutenues jusqu'en 1792. A cette époque, toutes les puissances se réunirent contr'elle. Nous avons parlé de ces coalitions successives. Nous laissons à d'autres le soin de décrire les campagnes mémorables dont le résultat a été de placer notre patrie à un degré d'élévation et de gloire que l'on n'avait point prévu. Contentons-nous de faire remarquer que le tableau de ces campagnes offre un plus grand nombre de batailles que l'on n'en trouve dans toutes les guerres de l'ancienne monarchie.

RÉSUMÉ.

Après avoir présenté le tableau des guerres que la France a soutenues contre les différens peuples qui l'avoisinent, il convient d'offrir un résumé qui retrace l'espace de tems occupé par la guerre ou rempli par la paix, de manière que d'un coup-d'œil on puisse être à même de faire un parallèle entre l'une et l'autre situation, et connaître le résultat positif. Faisons remarquer d'abord que, dans les premiers siècles du système féodal, la guerre civile régna sans aucune interrùption. Le sol français était divisé et subdivisé en plusieurs souverainetés, principautés, seigneuries et châtellenies, dont les possesseurs se battaient contre leurs voisins. Il ne se passa pas une année où l'on ne vît des brigandages et des expéditions. En parcourant la France, on trouve encore, à des distances très-rapprochées, des tours en ruine, des châteaux gothiques dont les propriétaires s'attaquaient réciproquement. Si la paix régnait dans un canton, les habitans d'un autre étaient sous les armes; de sorte qu'on peut dire à la lettre que, dans ces siècles, la guerre civile n'était point interrompue; c'était un effet nécessaire du système féodal. On sent bien qu'il serait impossible de noter toutes ces guerres partielles, qui d'ailleurs n'ont plus d'intérêt.

Nous ne dissimulons point l'embarras que nous éprouvons pour diviser d'une manière satisfaisante les siècles qui ont précédé le dix-neuvième. Il est peu de repos, peu d'intervalle entre les traités de paix et les déclarations de guerre. Souvent, quand une faction dépose les armes, l'Etat les prend contre un ennemi du dehors.. En partant d'une année où la France est en paix, pour arriver à une époque pareille, on divise le tems en périodes inégales, remarquables les unes par leur étendue, les autres par leur courte durée. En adoptant la division séculaire, les guerres sont coupées, parce que souvent le siècle qui les a vu commencer ne les a point vu finir. Chaque méthode ayant des inconvéniens, nous croyons devoir préférer la dernière, parce qu'elle nous offre le moyen de dire un mot de quelques usages. Nous ne commencerons qu'au douzième siècle.

DOUZIÈME SIÈCLE.

Les croisades occupent ce siècle en entier.

Guerres civiles 1° contre le sénéchal de France,	
———— 2° contre le comte de Champagne, ...	44 ans.
———— 3° contre le comte de Flandre,	
Guerre d'Angleterre, ...	

Outre les croisades.

Les deux plus célèbres batailles de cette époque sont celles de *Brenneville* en Normandie (1119), dans laquelle *Henri I*, roi d'Angleterre, battit *Louis-le-Gros*; et celle de *Fretteval*, dans le Vendomois (1193), où *Philippe-Auguste*, vaincu par *Richard-Cœur-de-Lion*, perdit les papiers de la couronne.

On rendit, dans ce siècle, une loi qui déclara que les duels n'auraient plus lieu pour une dette qui n'excéderait pas cinq sous.

Origine des sergens d'armes : première garde des rois de France.

TREIZIÈME SIÈCLE.

Les croisades continuent jusqu'en 1270.

Guerre civile contre la Flandre, ...	
——— d'Espagne, ...	86 ans.
——— d'Angleterre, ...	
——— des Albigeois, de 1209 à 1227, ...	

Outre les croisades.

Batailles. — 1213, *Muret*, où les Albigeois sont vaincus. 1214, *Bouvines*. 1242, *Taillebourg* et *Saintes*. 1249, *la Massoure*. C'est à Bouvines qu'on vit pour la première fois des troupes soudoyées.

QUATORZIÈME SIÈCLE.

Guerre contre les Flamands, ...	62 ans.
——— d'Allemagne, ...	
——— civile, ...	
——— d'Espagne, ...	
——— d'Italie, ...	
——— d'Angleterre, ...	

Douze principales batailles : les Français n'en gagnèrent que cinq. (*) — 1302, Courtrai, P. 1304, Mons-en-Puelle. 1328, Cassel. 1338, l'Écluse, P. 1346, Créci, P. 1356, Poitiers, P. 1361, Brignais, P. 1364, Cocherel, P. 1364, Aurai. 1367, Navarette, P. 1369, Montiel. 1382, Rosbecq.

1338. — Époque des armes à feu, prouvée par un compte du trésorier des guerres *du Drach*. D'autres prétendent qu'on ne connut la poudre à canon qu'en 1380. Quoi qu'il en soit, le sort des peuples dépendit de cette invention : il fallut se hâter de l'adopter. La marine française fit des progrès dans ce siècle, par les soins de l'amiral *de Vienne*, qui, prétendant que les Anglais n'étaient jamais si faibles que chez eux, pensait qu'il fallait les y combattre.

QUINZIÈME SIÈCLE.

Guerre civile.	86 ans.
——— d'Italie.	
——— d'Angleterre de 1406 à 1475	

Quinze batailles. — 1415, Azincourt, P. 1421, Baugé; 1423, Cravan, P. 1424, Verneuil, P. 1429, Orléans, *ou* journées des Harengs. 1429, Pathai. 1431, Bulgneville, P. 1450, Fourmigni. 1453, Castillon. 1465, Montlhéri. 1470, Granson et Morat. 1477, Nanci. 1488, Saint-Aubin. 1495, Fornoue. 1495, Seminare.

Vers le milieu de ce siècle, on inventa l'imprimerie en Allemagne; découverte qui dut accélérer les progrès des arts et des sciences, et avoir une grande influence sur la civilisation... — Etablissement de la poste par Louis XI. — Ce prince solde des troupes suisses. A la fin de ce siècle, l'artillerie française passait pour la meilleure de l'Europe.

(*) La lettre P indique les batailles perdues.

SEIZIÈME SIÈCLE.

Guerre d'Italie	80 ans.
——— contre les Anglais	
——— contre les Suisses.	
——— contre les Impériaux	
——— de religion	

Vingt-deux batailles. — 1503, Seminare, P. 1503, Cérignole, P. 1509, Agnadel. 1512, Ravenne. 1513, Guinegate, *ou* journée des Eperons, P. 1515, Marignan. 1522, La Bicoque, P. 1525, Pavie, P. 1544, Cérisoles. 1554, Renti. 1557, Saint-Quentin, P. 1562, Dreux. 1567, Saint-Denis. 1569, Jarnac. 1569, Moncontour. 1569, La Roche-l'Abeille, P. 1587, Courtras. 1588, Vimori. 1589, Arques. 1590, Ivri. 1592, Aumale. 1595, Fontaine-Française.

Ce siècle est remarquable sous plusieurs rapports. L'on vit à la fois de grands princes, François Ier, Charles-Quint, et Léon X, Henri IV, la reine Elisabeth, et Sixte-Quint.

2°. Il y eut comme une impulsion donnée aux sciences et aux arts, qui, sans les guerres de religion, auraient incontestablement fait beaucoup de progrès. Les Œuvres de *Bernard de Palissy* et de *Bélon* sont un monument précieux qui atteste que l'esprit humain cherchait à reculer les limites étroites dans lesquelles la science était renfermée.

3°. Par les guerres de religion, que des cruautés sans nombre rendent remarquables, et qui reçoivent du fanatisme un caractère particulier.

Sous la première et la seconde races de nos rois, la force des armées consistait dans l'infanterie. Charles VII établit un corps réglé de cavalerie. François Ier voulut former des légions à l'instar de celles de Rome; mais cette nouvelle milice eut peu de durée. On soudoyait des troupes étrangères. Il est assez singulier que ces étrangers n'ayent pas su mieux profiter de l'avantage que devait leur donner l'habitude d'être organisés en corps de troupes réglées.

Jusqu'en 1550, les tournois et les joutes furent les divertissemens à la mode. L'usage des armes à feu étant devenu plus général, ces exercices furent plus rares.

En 1564, on commença l'année du 1er janvier : avant, elle commençait la veille de Pâques.

DIX-SEPTIÈME SIÈCLE.

Guerres	Durée
Guerre religieuse.	Environ 80 ans.
——— contre la Savoie.	
——— contre l'Espagne.	
——— contre l'Allemagne.	
——— civile ou des princes.	
——— contre la Hollande.	

Batailles. — 1629, du Pas de Suze; 1630, Veillane; 1632, Castelnandari; 1640, Casal; 1641, la Marfée, P.; 1642, Kempen; 1643, Rocroi; 1644, Fribourg; 1645, Mariendal; 1645, Nordlingue; 1648, Sommerhausen; 1648, Lens; 1650, Rhétel; 1652, Bleneau, Etampes, faubourg Saint-Antoine; 1658, des Dunes; 1674, Sintzeim; 1674, Densheim; 1674, Senef; 1675, Turkeim; 1675, Consarbruck, P.; 1677, Cassel; 1690, Fleurus; 1690, la Boyne, P.; 1692, Steinkerque; 1692, la Hogue, P.; 1693, Nerwinde; 1693, la Marsaille.

C'est le beau siècle de l'ancienne monarchie française, par la gloire à laquelle elle parvint sous *Louis XIV*, par le progrès des arts, des sciences, de la littérature, par le nombre des grands hommes qu'on vit paraître à la fois, et qui tous illustrèrent la carrière qu'ils parcoururent. On était loin de croire qu'un siècle après la France brillerait d'un éclat plus vif encore, et deviendrait plus puissante qu'elle n'avait jamais été.

DIX-HUITIÈME SIÈCLE.

Guerres	Durée
Guerre de la succession d'Espagne.	43 ans.
——— de Pologne.	
——— de la succession d'Autriche.	
——— contre la Prusse.	
——— d'Amérique.	
——— des coalitions de l'Europe contre les Français.	

Batailles. — 1701, Carpi, P.; 1701, Chiari, P.; 1702, Luzara; 1702, Friedlingen; 1703, Hochstet; 1703, Spirback; 1704, Hochstet ou Bleinheim, P.; 1705, Cassano; 1706, Ramillies, P.; 1706, Calcinatto; 1706, Turin, P.; 1706, Castiglione; 1707, Almanza; 1708, Oudenarde, P.; 1709, Malplaquet, P.; 1710, Sarragosse, P.; 1710, Villaviciosa; 1712, Denain; 1734, Parme; 1742, retraite de Prague; 1743, Dettingue, P.; 1744, Fontenoi; 1746, Raucoux; 1747, Lawfelt; 1757, Rosbach, P.; 1758, St.-Cast; 1759, Bergen; 1759, Minden, P.; 1762, Friedberg.

On recula encore, pendant ce siècle, les limites des sciences, mais celles de la belle littérature paraissent avoir été fixées sous *Louis XIV*, et l'on a fait dans le 18e siècle de vains efforts pour les dépasser.

ÉTAT DE L'EUROPE

Avant 1789 et depuis cette époque.

TROIS EMPIRES.

ALLEMAGNE.	A duré 900 ans. Envahie plusieurs fois : territoire démembré : constitution altérée : États échangés : quatre royaumes, Westphalie, Bavière, Wirtemberg, Saxe.
RUSSIE	Date du commencement du 18e siècle. A acquis les deux tiers de la Pologne.
TURQUIE.	Date de 1453.

ONZE ROYAUMES.

DANEMARCK.	Est demeuré neutre.
SUÈDE.	Demeure neutre d'abord : puis fait partie des coalitions : roi détrôné par son peuple.
ANGLETERRE.	A mille ans de durée.
PRUSSE.	Date de 1713. A acquis une portion de la Pologne. Elle s'était agrandie par le traité de Lunéville. Envahie par les Français à qui elle avait déclaré la guerre.
POLOGNE.	A duré 800 ans.
HONGRIE ET BOHÊME.	Occupées depuis plus de deux siècles par la maison d'Autriche.
FRANCE	Date de 420 ans. A duré 1372. A été république pendant onze ans. Par le traité de Lunéville elle fit des acquisitions immenses. Elle est depuis huit ans l'Empire le plus puissant de l'Europe.

SARDAIGNE.	Date de 1713 et 1718. — N'a pas duré un siècle.
ESPAGNE.	Date de 1495. — A eu la guerre avec la France, ensuite avec l'Angleterre. A perdu St.-Domingue, la Trinité, la Louisiane. En 1808 changement de dynastie. Le roi *Charles* abdique la couronne en faveur de l'Empereur *Napoléon*, qui la remet au roi de Naples, *Joseph Napoléon*.
NAPLES et SICILE. . .	A duré 800 ans environ. Le trône est occupé par *Joachim Napoléon*.
PORTUGAL.	A duré 800 ans environ.

1810. Les royaumes de BAVIÈRE, de SAXE, de WIRTEMBERG, de WESTPHALIE et d'ITALIE, formés depuis le commencement du 19e siècle, portent à quatorze le nombre des Monarchies de l'Europe.

FIN.

TABLE DES CHAPITRES.

FIN DE LA TABLE.

ERRATA.

PAGE 18, *ligne* 26 : *Narsis*, lisez *Narsès*.
27, *ligne* 1re : impolitique, *lisez* conduite.
45, *ligne* 4 : unis par, *lisez* unis pour.
71, *ligne* 10 : il commit la faute d'entrer, *lisez* il commit une faute en entrant.
81, *ligne* 1re : *lisez* des cavernes et de laisser un noyau.
128, *ligne* 4 : qui les reçurent, *lisez* qui reçurent leurs Rois.

www.ingramcontent.com/pod-product-compliance
Ingram Content Group UK Ltd.
Pitfield, Milton Keynes, MK11 3LW, UK
UKHW020142220726
13923UKWH00001B/331